인디펜던트 워커

BOOK
JOURNALISM

인디펜던트 워커

발행일 ; 제1판 제1쇄 2021년 3월 15일 제1판 제4쇄 2023년 2월 6일
지은이 ; 정혜윤 · 무과수 · 박지호 · 김겨울 · 차우진 · 고지현 · 박영훈 · 박신후 · 윤성원
발행인 · 편집인 ; 이연대 CCO ; 신아람
에디터 ; 소희준 · 이세영 · 전찬우
디자인 ; 유덕규 지원 ; 유지혜 고문 ; 손현우
펴낸곳 ; ㈜스리체어스 _ 서울시 중구 한강대로 416 13층
전화 ; 02 396 6266 팩스 ; 070 8627 6266
이메일 ; hello@bookjournalism.com
홈페이지 ; www.bookjournalism.com
출판등록 ; 2014년 6월 25일 제300 2014 81호
ISBN ; 979 11 90864 87 9 03300

BOOK
JOURNALISM

인디펜던트 워커

정혜윤 · 무과수 · 박지호 · 김겨울
차우진 · 고지현 · 박영훈 · 박신후 · 윤성원

; 이 책은 혼자 일하는 방법을 알려 주는 교본은 아니다. 자기를 지키면서, 더 나은 일과 삶을 향해 나아가는 사람들의 여정에 대한 기록에 가깝다. '왜 일하는가', '나는 누구인가'. 본질적인 질문을 던지고, 끊임없이 시도하는 과정은 일과 삶에서 자신만의 리듬을 찾는 과정이기도 하다. 나는 어떤 세상에서, 어떤 방향으로 가고 싶은가. 가장 근본적인 질문을 던져 보는 것이다.

차례

북저널리즘 인사이드   답이 아닌 질문을
                    찾는 여정

혼자 일하는 사람이 늘고 있다. 프리랜서, 디지털 노마드, 1인 기업 등 혼자 일하는 사람들을 지칭하는 표현도 많아졌다. 혼자 일하는 것의 의미는 달라지고 있다. 개인 자격으로 일하지만, 회사의 팀처럼 프로젝트를 함께할 사람을 모아 협업하는 형태가 등장했다. 일본의 도쿄R부동산은 회사에 속하되 자유롭게 일하고 보상은 성과에 따라 받는 프리 에이전트free agent 방식을 개발했다. 혼자 일한다는 의미는 회사 안에서, 밖에서 주도적으로 프로젝트를 만들고, 실행하는 것으로 진화하고 있다. 이렇게 새로운 방식으로 일하는 사람들은 스스로를 인디펜던트 워커independent worker라고 부른다.

인디펜던트 워커들은 회사에 소속되지 않고 자유롭게 계약을 맺는다는 의미의 '프리랜서'와는 다르다. 구분하는 몇 가지 기준이 있다. 첫째, 독립적으로 일한다. 스스로 일을 주도한다면 회사에 소속돼 있어도 독립적일 수 있다. 대신 회사나 직무만으로 일을 정의하지 않고, 각자의 선택과 역량에 따라 개인화된 일을 만들어 간다. 둘째, 개인의 비전을 갖고 일한다. 혼자 일하지만 같은 목표를 가진 사람들과 함께한다. 요청받은 작업을 수행하는 것이 아니라, 원하는 일을 실행하는데 필요한 사람을 모으고 협업하는 것이다. 셋째, 좋아하는 일을 잘한다. 원하는 일에서 전문성을 만들고, 시장의 흐름을 읽는다. 변화하는 시장에 맞게 능력을 재편하거나, 전문성을 바탕으로 새로운 시장을 만들어 간다.

새로운 일을 구상하고, 실행하는 이들을 만나 왜 독립을 택했는지, 어떻게 독립할 수 있었는지를 물었다. 조직에 의지하는 대신 혼자 일을 해나가기로 선택한 이유, 어떤 과정을 거쳐야 개인으로서 전문성을 쌓고 일을 주도할 수 있게 되는지 답을 찾고 싶었다. 하지만 인디펜던트 워커들과 만나 이야기를 나누면서, 이들의 힘은 답이 아닌 질문에 있다는 사실을 깨닫게 됐다. '왜 일하는가', '나는 누구인가'. 인디펜던트 워커들은 두 가지 질문을 끊임없이 스스로에게 던지고 있었다. 답을 찾기 위해 작은 일이라도 시도하고 실패도 해보면서 단단한 확신을 만들고, 개선점을 찾아 나가고 있었다. 혼자서, 독립적으로 일하는 지금의 모습은 질문을 던지는 과정에서 자연스럽게 만들어진 결과였다.

이 책은 혼자 일하는 방법을 알려 주는 교본은 아니다. 자기를 지키면서, 더 나은 일과 삶을 향해 나아가는 사람들의 여정에 대한 기록에 가깝다. 본질적인 질문을 던지고, 끊임없이 시도하는 과정은 일과 삶에서 자신만의 리듬을 찾는 과정이기도 하다.

일의 방식은 분명히 바뀌고 있다. 일하는 개인으로서도, 사회의 일원으로서도 변화를 읽고 준비해야 한다. 새로운 일의 방식을 최전선에서 실험하고, 경험하는 인디펜던트 워커들의 이야기는 변화에 대응하는 단초를 제공한다. 나는 어떤 세상에서, 어떤 방향으로 가고 싶은가. 가장 근본적인 질문을 던져 보라는 것이다.

소희준·이세영·전찬우 에디터

정혜윤은 프리랜서 마케터이자 작가, 유튜버다. 10년간 국내외 광고 에이전시 및 스타트업에서 마케터로 일하며 경쟁력과 전문성을 쌓아 2020년 독립했다. 2019년 '브런치북 특별상' 수상작인 《퇴사는 여행》을 출간했고, 현재는 차기작인 《독립은 여행》을 집필 중이다.

정혜윤은 2017년 회사를 그만두고 1년 동안 세계 곳곳을 누비며 홀로서기 실험을 한다. '회사에 소속되지 않고도 돈을 벌 수 있을까?'라는 물음에 답을 찾기 위해서다. 3년이 흐른 지금 그는 한 명의 개인이자 매체인 동시에 플랫폼이 되었다. 자신의 이야기를 기록하고 그것을 통해 사람들과 끊임없이 연결된 덕분이다.

정혜윤 ; 레퍼런스가 되는 삶

좋아하는 게 많아도 괜찮아

다양한 일을 하고 있다. 본인을 어떻게 소개하나?

마케터이자 글을 쓰는 작가다. 다능인多能人을 위한 뉴스레터 '사이드 프로젝트'도 운영한다. 이 모든 것을 관통하는 키워드는 스토리텔러다. 브랜드 마케터 혹은 콘텐츠 제작자로서 흩어진 소재를 정리해 하나의 이야기로 전달하는 일을 하고 있다.

현재 하는 일을 좀 더 구체적으로 소개해 달라.

우선 고정적으로는 팀포지티브제로TPZ라는 회사의 브랜딩, PR 파트너로 일하고 있다. TPZ는 경험을 기반으로 부동산을 혁신하는 크리에이티브 집단이다. 로스트 성수, 카페 포제, 아러바우트, 스탠 서울 등의 공간이 모두 TPZ가 운영하는 브랜드다. 예전에 근무했던 회사에서 파트너로 처음 인연을 맺었는데, 회사 비전에 매력을 느껴 합류 제안을 수락했다. 다만 정직원처럼 출근하지는 않는다. 앞으로 특정 회사에 소속되지 않겠다는 나의 의지와 탄력적 고용을 긍정적으로 생각한 회사의 방향성이 일치해 프리 에이전트 형태로 일하는 중이다. 그 외에 마케팅 관련 단기 프로젝트들을 하고 있고, 작가

로서는 《퇴사는 여행》의 차기작인 《독립은 여행》을 집필하고
있다. 틈틈이 강연이나 모임에 참석하고 얼마 전부터는 유튜
브 채널도 개설해 운영하고 있다.

그야말로 다능인이라는 표현이 어울린다. 처음 마케팅
에 관심을 가진 건 언제였나?

고등학생 때다. 하나의 적성을 찾는 게 어려워서 고른 분야가
마케팅이었는데 결과적으로 적성을 빨리 찾은 게 됐다. 사실
어려서부터 미술을 하고 싶어 했는데, 막상 미대에 지원하자
니 다른 분야가 눈에 들어오기 시작했다. 그림만 그리고 살기
에는 뭔가 아쉽다고 생각하던 차에 우연히 마케팅이라는 분
야를 접하게 됐다. 관련 책을 찾아 읽으면서 좋아하는 것이 많
은 게 단점이 아니라 장점이 될 수 있다는 생각을 했다. 대학
에서 마케팅을 전공하고 미술을 부전공했다.

대학 졸업 후에 마케팅 일을 바로 시작했나?

첫 회사는 광고 회사였다. 비즈니스와 예술이 결합한 분야라
고 판단해서 광고를 선택했다. 마케팅 전공자로서 크리에이
티브 팀에서 일하기는 어려울 것 같아 기획자로 지원했는데,

인사 담당자로부터 역으로 카피라이터 제안을 받았다. 그렇게 뉴욕에 있는 애드아시아라는 아시아계 광고 회사에서 일을 시작했다. 2010년 한국에 돌아온 후에는 광고 에이전시에서 4년, 스타트업에서 6년 근무했다. 꼽아 보니 10년 동안 6개의 회사를 거쳤다.

적지 않은 회사를 경험했다. 회사를 선택할 때 특별한 기준이 있었나?

하루 중 제일 많은 시간을 보내는 곳인 만큼, 내 삶의 목적이나 방향성에 부합하는 회사를 찾으려 노력했다. 기준은 크게 두 가지로 사람, 나의 성장 가능성이다. 우선, 누구와 어떻게 일하는지가 굉장히 중요하다. 지금까지 관계를 유지하며 친하게 지내는 사람들은 거의 일하면서 만난 사이다. 가치관이나 철학이 통하는 동료를 많이 만난 덕분에 회사를 나온 후에도 서로 좋은 영향을 주고받고 있다. 일하면서 내가 성장할 수 있는 환경인지도 중요한 요소다. 내가 이 회사에 얼마나 기여할 수 있고, 그 과정에서 나는 무엇을 얻을 수 있는지 끊임없이 확인하면서 일했다. 시키는 업무만 하는 게 아니라 좀 더 많은 권한과 자율성을 갖고 하고 싶은 일을 펼쳐 보고 싶었기 때문이다. 우여곡절이 있더라도 그렇게 할 때 훨씬 더 많이 성장한다고 생각한다.

회사를 벗어나 일하겠다는 결심은 어떻게 하게 됐나?

우리는 시간에 대한 기회비용이 아주 높은 세상에 살고 있다. 내가 만약 이 일을 안 하고 있다면, 지금 당장 할 수 있는 것들이 너무나도 많지 않나. 코로나 이후에 내 시간을 어떻게 쓸 것인지, 앞으로 나는 어떻게 살고 싶은지에 대해 더 많이 생각하게 됐다. 그렇게 해서 내린 결론이 좀 더 의미 있게 내 시간을 쓰겠다는 거였다.

물론 회사에 소속된 시간이 의미 없다거나 잘못됐다는 얘기는 절대 아니다. 사람마다 생각이 다르고, 모든 건 개인의 자유이자 선택이다. 그저 이런 방식으로도 일하며 살아갈 수 있다는, 새로운 가능성을 보여 주는 것이 내가 원하는 삶이라는 생각에 내린 결정이다.

회사에서 쌓은 내공

지금까지 음악과 관련된 일을 유독 많이 했다. 특별한 계기가 있나?

PR 회사인 프레인 글로벌 근무 당시 개인적으로 매년 참석하던 음악 페스티벌의 SNS 마케팅 담당자가 됐다. 내가 좋아하는 음악이 일로 연결된 '덕업일치'의 첫 번째 경험이었다. 그 뒤로 자연스럽게 음악 관련된 일을 많이 맡게 됐다. 올원이라는 회사에서는 프로모터 겸 MD로 일하며 옥상달빛, 카더가든, 김사월 등 좋아하는 뮤지션들과 공연, 전시 등의 문화 이벤트를 기획했고, 그 후에는 스페이스오디티의 브랜드 마케터로 일하며 음악을 기반으로 한 다양한 콘텐츠를 제작했다.

많은 사람들이 스페이스오디티 마케터로 기억할 것 같다. 그만큼 활발하게 활동했다. 처음에 어떻게 입사하게 됐나?

2017년 올원에서 퇴사하고 나서 1년쯤 쉬는 시간을 가졌다. 그동안 영국 글래스톤베리 페스티벌, 미국 사막에서 일주일간 열리는 실험적 공동체인 버닝맨, 실리콘밸리의 여러 기업 등에서 경험한 것들을 브런치에 올렸는데, 내 글을 본 스페이스오디티 대표님이 같이 일해 보면 어떻겠냐고 제안을 주셨다. 내가 좋아하는 음악으로 무언가 만들 수 있겠다는 기대감, 그리고 그곳에 모인 사람들 자체가 좋아서 합류를 결정했다. 3년 동안 재미있고 의미 있게 일했다.

그렇게 재미있게 일했는데, 작년 여름 독립했다.

사실 구체적으로 독립을 고민한 건 2017년부터다. 당시에 1년 이라는 짧지 않은 시간 동안 일을 쉰 건 '어디에도 소속되지 않은 나를 어떻게 설명할 수 있을까?', '혼자 돈을 벌 수 있을 까?'라는 질문에 대한 답을 찾기 위해서였다. 자발적인 백수로 홀로서기 실험을 한 셈이다. 세계 곳곳을 돌아다니며 많은 사 람을 만났다. 그때 일하는 방식이 이렇게 다양할 수 있다는 사 실과 함께 이런 방식으로도 돈을 벌 수 있음을 눈으로 확인했 다. 놓치기 아까운 기회라는 생각에 스페이스오디티에 합류했 지만, 2017년부터 일하는 방식의 거대한 변화 흐름을 느낀 만 큼 2021년에는 주 5일 출근에서 벗어나겠다는 목표를 세웠다.

지난해 여름 퇴사했으니 목표를 빨리 성취한 셈이다.

빨리 성취했다기보단 2017년부터 생각했던 것들을 이제야 조금씩 실천하는 느낌이다. 재택근무로 집에서 혼자 보내는 시간이 많아지면서 내 시간을 어떻게 쓰고 싶은지 진지하게 고민을 시작했고, 나만의 정체성을 더 키워 보고 싶다는 욕심 이 생겨 퇴사했다.

자신의 경쟁력에 확신이 있어야 독립할 수 있을 것 같다. 본인의 경쟁력은 무엇이라고 생각하나?

베르베르가 쓴 단편 중에 브랜드를 국가로 표현한 글이 있다. 국적은 달라도 특정 브랜드를 사용하는 사람들 사이에는 통하는 무언가가 있는데, 결국 브랜드에는 고유의 문화와 룰이 담겨 있다는 내용이다. 회사도 비슷한 것 같다. 나는 여러 나라의 회사를 직간접적으로 경험하면서 다양한 형태의 일, 리더의 태도 등을 접했다. 일에 대한 표본이 많아진 셈이다. 덕분에 사람들에게 일에 대한 새로운 관점을 전할 수 있게 됐다.

2019년에 출간한 《퇴사는 여행》도 단순한 여행기가 아니다. 여행이라는 주제 안에서 일에 대한 고정된 편견을 깰 수 있는 이야기들을 담았다. 여행과 일, 자칫 상반된 개념 같아 보이지만 사실 '어떻게 살 것인가'를 고민할 때 빼놓을 수 없는 두 가지 아닌가. 이런 면에서 일과 삶이라는 키워드를 이야기할 때 다른 사람보다 꺼낼 수 있는 소재가 많아진 게 나만의 경쟁력이라고 생각한다.

경쟁력을 쌓으면서 구축한 본인의 전문성은 무엇인가?

최근 독립해 집을 꾸미면서 깨달았는데, 정보를 분류해 구조를 짜는 능력이 뛰어난 것 같다. 좀 더 정확하게는 맥락이 있는 것끼리 분류해 배치하는 일을 잘한다. 그런데 생각해 보면 이게 모든 기획의 기본이다. 행사를 진행하거나 글을 쓸 때, 커뮤니티를 운영할 때도 모두 적용된다. 여러 회사를 거치면서 축적된 능력이라고 생각한다. 그리고 진심으로 좋아하는 무언가가 생겼을 때, 그 이야기를 들으면 좋아할 사람에게 연결하는 일도 잘한다.

전문성을 갖추기 위해 회사 생활이 필수라고 생각하나?

확답은 못 하지만 회사에서의 경험 자체는 혼자 일하는 데 매우 도움이 된다. 일단 회사에서만 배울 수 있는 언어가 있다. 간단하게는 메일 작성하는 방법부터 마감일을 제때 지켜야 한다는 기본적인 예의까지. 독립해 일하면서 '알고 보니 이게 다 회사에서 배운 거였네' 싶은 순간들이 있다. 특히 개인적으로는 스타트업에서 짧지 않은 시간 동안 일했는데, 그 안에서 전에는 해보지 않았던 일들을 고루 경험했던 게 큰 자산이 됐다. 소소하게는 협업 방식이나 업무에 쓰고 있는 다양한 툴도 회사 생활하면서 자연스럽게 익힌 것들이다.

회사나 조직 안에서의 경험을 온전히 내 것으로 만들기

가 쉽지만은 않다.

일단 마음가짐이 중요하다. 똑같은 일을 하더라도 '이건 회사를 위해서 하는 게 아니라 나를 위해 하는 거야'라고 생각하는 거다. 회사에서 보내는 시간은 나의 내공을 쌓는 시간이라고 되뇌었다. 그리고 그때 내가 한 일을 틈틈이 정리하고 글로 기록해 둔 게 여러모로 도움이 됐다. 글을 쓰면서 내 일의 어떤 점이 좋았고 아쉬웠는지 곱씹게 되는데, 그 과정에서 새로 배우게 되는 것도 있고 '다음에는 이렇게 하면 안 되겠다'라고 깨닫게 되는 것도 있다. 이러한 것들을 공개 가능한 범위 내에서 브런치 등에 올리면 그 자체가 포트폴리오이자 개인 브랜딩의 시작이 될 수 있다. 예상치도 못한 방향으로 수많은 사람, 기회와 연결될 수 있기 때문이다.

'영혼 있는' 브랜딩

개인 브랜딩 측면에서 좋아하는 일과 잘하는 일 가운데 무엇을 선택해야 하나?

사람마다 다르겠지만 개인적으로는 잘하는 일을 좋아할 때 지속 가능성이 생긴다. 외국계 애드테크AD Tech 스타트업인 앱리

프트에서 근무한 적이 있는데, 사실 나는 모바일 광고에 큰 관심이 없었다. 그저 글로벌 회사에서 일한다는 것 자체에 재미를 느꼈다. 그러다 내가 좋아하는 음악과 관련된 일을 할 수 있는 스타트업 올윈에서 합류 제안을 받았다. 가파르게 성장 중인 글로벌 스타트업에서 이미 매우 만족하면서 일하고 있었음에도 좋아하는 일을 업으로 할 기회가 생기니 신기하게도 한순간에 확 관심이 커졌다. 아무리 잘하는 일이라도 내가 좋아하는 무언가와 접목돼야 오래 할 수 있다는 사실을 깨달았다.

내가 무엇을 좋아하는지 잘 모르겠으면 어떻게 해야 하나?

너무 어렵게 생각할 필요 없다. '소확행(작지만 확실한 행복)'이라는 말이 있지 않나. 각자 즐거움을 느끼는 순간은 분명 존재한다. 책이나 영화 같은 콘텐츠가 될 수도, 특정 장소나 인물이 될 수도 있다. 생산성을 따지지 말고 내가 좋아하는 것들을 찾다 보면 힌트를 발견할 수 있다. 그러고 나서 관련 키워드나 주제로 여러 가지를 검색해 보기를 추천한다. 아주 쉬운 디깅 digging 방법인데, 검색하다 보면 내 눈길을 사로잡는 또 다른 무언가가 분명 보일 거다. 그렇게 계속 연결해 들어가다 보면 내가 좋아하는 게 뭔지 좀 더 명확해진다. 개인적으로는 내가 멋있다고 생각하는 사람들이 지금 뭘 좋아하는지 찾아보면서 취향의 세계가 넓어지는 경험을 했다.

개인 브랜딩을 결심해도, 한편으로는 회사 눈치가 보이는 것이 사실이다.

공감한다. 나는 회사 대표나 리더들께 실무진의 애정 담긴 경험담이야말로 사랑받는 브랜드의 비결이라고 말해 주고 싶다. 회사 대표가 공식적인 언론 인터뷰에서 한 정제된 말보다, 투박하더라도 자기 일에 애정이 있는 구성원의 이야기에서 더 큰 매력이 느껴진다. 브랜드의 진정성 또한 구성원이 자기 회사를 애정하고 있는 모습에서 느껴진다. 회사의 브랜딩은 결국 그 안에 모여 있는 구성원에게서 나온다.

브랜드에 영혼이 있고 없고는 증명할 수 없지만, 사람들은 자연스럽게 느낀다. 그리고 끌리는 브랜드에 지갑을 연다. 회사 브랜딩은 내부에 존재하지도 않는 무언가를 다듬어 포장하는 게 아니다. 사소하더라도 내부에 실존하는 우리만의 특별한 무언가를 밖으로 꺼내 자연스럽게 알리는 게 브랜딩이다. 그리고 그걸 가장 잘할 수 있는 사람이 구성원이고.

지금 개인 브랜딩이나 독립을 고민하는 사람들에게 해줄 조언이 있다면.

얼마 전 이슬아 작가가 쓴 《부지런한 사랑》을 읽었는데, 이런 문구가 있었다. "남에 대한 감탄과 나에 대한 절망은 끝없이 계속될 것이다. 그 반복 없이는 결코 나아지지 않는다는 걸 아니까 기꺼이 괴로워하며 계속한다." 좋아하는 일을 찾아도 시작이 어려울 수 있다. '나는 전공자나 전문가가 아닌데?', '관련 자격증이 없어도 괜찮을까?' 등등 여러 걱정이 앞서기 때문이다. 그런데 그 권한이란 건 그냥 내가 나에게 주면 된다. 내가 어떤 일에 쏟은 시간이 결국 나를 증명하는 자격증인 셈이다. 내가 정말 좋아하고 해보고 싶은 일이 생기면 걱정 대신 시도해 보라고 말하고 싶다.

이제는 하고 싶은 일에 투자한 시간이 쌓여 경쟁력이 되는 시대다. 계속하다 뒤돌아보면 어느새 내가 그린 궤적이 만들어져 있을 것이다. 그리고 궤적이 보일 때쯤 누군가 나의 이야기를 궁금해하기 시작한다. 나 역시 그랬다. '내가 글을 써도 될까?', '나는 작가가 아닌데' 등의 고민을 했다. 우리는 모두 다를 바 없는 똑같은 사람이지만, 결국 차이는 한 가지다. 어쨌든 실행으로 옮긴 사람과 그렇지 않은 사람.

혼자지만 혼자가 아닌

결국 독립은 좋아하는 일에 더 시간을 쏟기 위해 내리
는 결정 같다. 그런데 좋아하는 일이 생겼다고 모든 게
해결되지는 않는다. 독립할 때 미리 생각해야 할 것이
있다면 무엇인가?

어쨌든 독립이라는 건 나 자신을 책임지는 행위다. 무작정 회
사를 나왔다가는 조급해지기 쉽다. 특히나 지속적인 수익은
현실적으로 너무 필요한 요소다. 나는 계속해서 같이 일하는
팀이 있어 불안함을 덜 느낄 수 있는데, 이런 경우가 아니라
정말 무無에서 무언가 도전하겠다면 최소한 4~5개월은 버틸
수 있는 생활비를 먼저 확보해야 한다.

  본인만의 업무 시스템을 만드는 것도 필요하다. 스타트
업에서 경험했던 노션, 구글 캘린더, 구글 드라이브는 여전히
잘 사용하고 있다. 기본적인 업무 관리 툴은 물론, 시간을 낭
비하지 않기 위한 나름의 규칙을 만드는 게 중요하다. 개인적
으로는 독립 이후에 여러 루틴이 생겼다. 《타이탄의 도구들》
을 읽고 시작한 것 중 하나가 아침에 일어나 물 한 잔 마시고
이불 정리하는 일이다. 아무것도 아닌 사소한 행위가 신기하
게도 하루를 잡아 주는 역할을 한다. 혼자 일할수록 스스로 몸

과 마음을 모두 잘 챙겨야 하는데, 작은 루틴들이 정신 건강에도 도움이 되는 것 같다.

혼자 일하면 외로울 때는 없나?

글쎄. 사실은 혼자 일한다는 생각을 잘 안 한다. 인디펜던트 워커로서 일하며 새로운 일의 흐름을 만드는 모든 사람이 동료라고 생각한다. 덕분에 고민이 있을 때 조언을 구할 수 있는 사람이 주변에 정말 많다. 그리고 점점 더 많아지고 있다. 언제든 연대할 수 있는 사람이 늘면서 회사 밖에서도 동료애를 느낄 때가 많다. 최근에는 새로운 일의 형태를 고민하는 마케터들의 느슨한 연대를 실현하기 위해 동료 마케터들과 함께 포스트웍스POST/WORKS라는 협동조합도 만들었다.

그런 동료들은 어디에서 만났나?

일하면서 만난 사람도 많지만, 나만의 작업을 이어 가며 만난 사람도 많다. 예를 들어 숭(이승희) 마케터님과는 같은 필름 카메라 야시카를 쓰고 있다는 이유로 온라인상에서 먼저 인사를 나눴고, 손하빈 마케터님과는 에어비앤비의 트립 호스트로 참여하면서 인연이 생겼다. 내가 정말 좋아하는 것들을 따라서 길을 만들어 나가자 어떤 지점에서 서로를 알아보고 연결되는 순간들이 생겼다. 만나면 시너지가 날 것 같은 친구들을 내가 소개해 주기도, 소개받기도 한다.

일할 때는 프로젝트에 따라 적임자를 찾아 TF를 꾸리는 경우가 많다. 어떤 프로젝트에 디자인 요소가 중요하다고 판단되면 가장 잘해 줄 수 있는 디자이너를 찾아 클라이언트 측에 먼저 제안하는 식이다. 그러면 그 디자이너와 새로운 관계를 맺게 된다.

재미와 멋

동료들의 피드백 외에, 지금 하는 일이 제대로 된 방향으로 가고 있는지 점검하는 본인만의 기준이 있나?

어려운 질문이다. 하지만 지금까지의 경험상 내가 하는 일에 뭔가 문제가 생겼을 때는 마음이 가장 먼저 신호를 보내는 것 같다. 다행히 지금까지는 잘 가고 있다. 계속해서 새로운 기회가 생기고 더 많은 연결이 일어나고 있다. 좋은 징조다.

개인적으로는 일할 때 재미와 멋, 이 두 가지를 가장 중요하게 생각한다. '이 일이 재미있는가', '멋있는가'를 따져 보는 것이다. 전자는 일하는 동안 본인이 가장 잘 알기 때문에 수시로 점검이 된다. 그런데 후자는 그렇지 않아 의식적으로 점검하고 있다. 내가 생각하는 멋이란 밖으로 보이는 겉치레가 아니라, 하는 일에 담긴 의미와 진정성이다.

독립적으로 일하다 보면 일과 휴식의 분리가 쉽지 않을 것 같다.

마케터로서 하는 일은 가능한 한 주말에는 안 꺼내려고 노력한다. 다만 나머지 일들은 회사를 나오고 난 후에 경계가 훨씬 흐려진 것 같다. 예를 들어 사이드 프로젝트는 내가 좋아서 만든 일이지만 현재 수익을 내는 일은 아니다. 애초에 돈을 벌기위해 시작한 것은 아니지만, 나를 위해 시작한 일은 맞다. 마찬가지로 늦은 밤까지 책을 쓴다고 해서 '맙소사, 지금까지 일하고 있다니!'라는 생각은 안 한다. 지금 하는 것들 모두 회사에 다닐 때는 퇴근 후에 따로 시간을 내서 할 만큼 너무 좋아했던 것들이라 굳이 일이냐 아니냐를 구분하지 않는 것 같다.

그렇다면 본인이 정의하는 쉼, 휴식이란 무엇인가?

생산성이나 효율성을 따지지 않고 내가 하고 싶은 것을 하는 것. 나 자신과 보내는 시간이 즐겁다면 그 모든 게 쉼이 될 수 있다. 읽고 싶었던 책을 읽는 것, 피아노를 치고 식물에 물을 주는 것, 평소에 배우고 싶었던 무언가를 배우는 것 모두가 내겐 쉼이자 휴식이다. 이런 쉼은 마음을 단련하는 데도 도움이 된다. 독립 이후 내 마음을 좀 더 건강하게 보살피기 위해 노력하고 있는데, 그 덕분에 일하는 시간을 좀 더 밀도 높게 보낼 수 있게 됐다.

앞으로 더 하고 싶은 일이 있다면 무엇인가?

예전부터 우리나라 로컬이나 인디 문화를 너무 좋아했다. 그래서 한국의 로컬 콘텐츠나 브랜드, 혹은 인디 아티스트들을 해외에 알리는 역할을 하고 싶다. 예전에 에어비앤비의 트립 호스트로 외국인 게스트들을 홍대에 데려가 인디 아티스트들의 공연을 보여 주고 함께 뒤풀이를 갖는 프로그램을 진행한 적이 있다. 한국엔 케이팝뿐만 아니라 이렇게나 훌륭한 인디 밴드가 많다는 것을 알려 주고 싶었다. "한국에 이렇게 다양하고 좋은 밴드가 있는지 잘 몰랐다"는 후기를 보며 뿌듯함과 약간의 사명감도 느꼈는데, 그 일을 하는 동안 굉장히 즐거웠다.

돈을 버는 일은 언제까지 할 생각인가?

40대 초반? (웃음) 사실 내 시간을 자유롭게 쓸 수 있는 지금
의 이 상태에 너무 만족하고 있다. 수익과 상관없이 인디펜던
트 워커로서 글을 써서 기록하고 이야기를 전하는 일은 어떤
형태로든 죽을 때까지 할 것 같다. 내 이야기를 더 많이 하고
싶은 이유는 내 자신이 인디펜던트 워커를 이해할 수 있는 하
나의 레퍼런스reference가 되고 싶어서다. 거창하게 누군가의 롤
모델이 되고 싶은 마음은 없다. 그저 인디펜던트 워커를 고민
하는 누군가에게 아주 약간의 용기가 될 수 있다면 좋겠다.

무과수는 인테리어 플랫폼 오늘의집에서 콘텐츠·커뮤니티 매니저로 일한다. 회사에 속해 있지만, 개인으로도 활동한다. 개인으로서는《무과수의 기록》시리즈,《집다운 집》을 출간한 작가다. 브랜드와 컬래버레이션해 콘텐츠를 제작하거나, 글을 쓰고, 강연 연사로 활동한다. 3만 5000명의 팔로워를 모은 개인 인스타그램에서도 집과 주거, 라이프스타일에 관한 이야기를 하며 일과 개인의 방향성을 일치시키고 있다.

무과수는 스스로를 조직에 속한 사람이라고 말한다. 하지만 개인의 일도 함께 만들어 간다. 회사에서 하는 일에 개인 브랜드를 녹여 영향을 미치고, 다시 조직에서의 일로 개인의 가치를 높인다. 무과수는 회사에서 하는 일과 개인의 방향성이 일치하고, 시너지를 낼 수 있는 건 좋아하는 일을 하기 때문이라고 말한다. 회사 일도, 개인으로서의 일과 삶도 치열하게 고민하고 영향력을 만들어 내는 무과수의 이야기를 들었다.

2   무과수 ; 점을 선으로
연결하는 행동의 힘

브랜드가 된 취향

지금 어떤 일을 하고 있나?

오늘의집에서 콘텐츠·커뮤니티 매니저를 맡고 있다. 콘텐츠를 제작하는 일도 하고, 전반적으로는 기획과 운영에 가까운 일을 한다. 유저 기반 라이프스타일 커뮤니티 '오하우스'도 오픈해서 운영하고 있다. 개인으로서도 활동한다. 시간은 회사에 절대적으로 많이 투자하지만, 영향력은 무과수라는 개인이 더 크다. 개인으로서 하는 일의 범주는 다양하다. 기본적으로는 책을 쓰는 작가고, 원고 청탁도 받는다. 강연도 하고, 브랜드와 컬래버레이션해서 콘텐츠를 만드는 사이드 프로젝트도 한다. 요즘엔 기업들에서 앞으로의 방향성에 대해 조언해 달라는 요청도 들어와서 거기에 응하기도 했다.

닉네임으로 활동하는 이유가 궁금하다.

재미있는 이름을 갖고 싶었다. 그러다가 무과수라는 이름을 짓게 돼서 쓰기 시작했다. 첫 회사 동료가 길을 가다가 간판에 있는 말을 보고 지어 줬다. 회사에서도 닉네임을 써서 무과수라고 통용된다.

일을 어떻게 시작했나.

에어비앤비 공식 블로그를 운영하는 일로 처음 시작했다. 대학교 3학년 때 휴학하고 여행을 갔는데, 마침 에어비앤비에서 '여행은 살아 보는 거야'라는 슬로건으로 크게 캠페인을 할 때였다. 그때 캠페인 담당자와 연이 닿아 스토리북 작가가 되어 프로젝트에 참여하게 됐고, 여행을 마치고 귀국하자마자 일을 제안받았다. 블로그는 내가 혼자 운영했다. 기획부터 전국의 호스트를 인터뷰하고 사진을 찍어 콘텐츠를 발행하는 것까지 직접 했다. 그러다 대행사로 옮겼는데, 나와 잘 맞지 않더라. 톱다운top-down 방식으로 일하는 구조였고, 내가 결정할 수 있는 게 거의 없었다. 3개월 정도 하고 옮긴 곳이 오늘의집이다. 2018년에 입사했다. 내가 집에 본격적으로 관심을 두기 시작한 무렵이었다.

일을 시작할 때부터 지금까지, 회사에 속하더라도 독립적인 개인으로서 일하고 있다. 이유가 궁금하다.

회사 일과 잘 안 맞거나, 부족함을 느껴서라기보다는 호기심이 많아서다. 하고 싶은 게 많다. '재밌겠다' 하면 해보는 스타일이다. 나는 그냥 해본 것들을 주변에서 '재미있는 프로젝트'로 봐주더라. 그게 쌓이다 보니 뭔가를 많이 하는 것처럼 보이는 것 같다.

어떤 걸 했는지 잘 알렸으니 그렇게 보인 거 아닐까?

특별히 알리려는 노력을 한 건 아니다. 인스타그램을 한 것뿐이다. 그것도 2018~2019년쯤에는 팔로워 1만 명이 안 됐을 거다. 6000~7000명 정도. 2013년부터 인스타그램을 시작했으니까 정말 천천히, 차곡차곡 늘었다. 특별한 계기가 있었던 것도 아니다. 그러다 보니 팔로워들이 굉장히 조용하고 단단하다. 어떤 이슈에 혹해서 온 것이 아니라, 나의 평범한 일상, 소소한 행복이나 주변의 작은 디테일을 보는 시선을 좋다고 생각해 주신다. 다양한 업계에 종사하는 팔로워들 중에는 각 영역에서 주목받는 분들도 많다. 그런 분들이 직접 인터뷰나 프로젝트를 제안하는 경우도 많고, '무과수가 이런 걸 하더라'고 이야기를 퍼뜨려 주니 좋게 봐주는 사람이 많아진 것 같다.

업계에서 영향력 있는 사람들이 무과수의 콘텐츠를 좋아하는 이유는 무엇일까?

사실 잘 모르겠다. (웃음) 지금 생각해 보면, 그분들은 계속 새로운 영감을 얻고 싶어 하고, 그걸 발굴해서 새로운 뭔가를 만들어야 하는 사람들이다. 디테일하고 뾰족한 취향을 가진 사람들에 관심이 있는 것 같다. 내가 그중 하나가 아니었을까. '무과수는 무과수만의 색이 있어'라고 이야기해 주더라.

그럼 '뾰족한 취향을 보여 줘야지' 하는 의도를 갖고 한 건 아니었나?

전혀. 나는 예전에도, 지금도 기록용으로 SNS를 하고 있다. 기억을 잘 못 하니까 내가 보려고 하는 거다. 사람들은 내가 글을 올리기 전에 탈고를 몇 번씩 하거나 고민을 많이 할 거라고 생각하는데, 메모장처럼 쓰고 있다. 그냥 열어서 쓰고, 바로 올린다. '이런 걸 올리면 좋아하겠지' 생각한 적은 없다. 운도 좋았다. 내가 한창 에어비앤비를 빌려 '살아 보는' 여행을 한 2016년에는 여행 키워드가 붐이었고, 다녀오고 나니 '한 달 살기' 키워드가 유행하기 시작했다. 또 나는 반지하 집에 살다가 물이 새서 연희동 감나무집으로 이사하고 집에 대한 애정이 깊어져 관련된 기록을 했는데 그쯤에는 인테리어가 키워드로 떠올랐다. 처음엔 나에게 왜 인터뷰, 강연 제안이 오는지 잘 몰랐는데, 일찍 시작해서 쌓아 놓은 콘텐츠들이 있어서 찾아 주는 것 같다. 2018년에 처음으로 인터뷰 요청이 들어왔고, 그 후 외부 활동을 본격적으로 시작했다.

시간이 만드는 궤적

개인적으로 쌓은 기록이 일로 발전할 수 있었던 이유는
무엇일까?

나는 인테리어 전문가도 아니고, 전공자도 아니다. 하지만 집
과 주거에 대해 누구보다 깊게, 많은 생각을 한다. 직접 살면
서 떠오르는 생각을 붙잡아 두고, 공유한다. 집을 더 나은 공
간으로 만들어 가고 싶어 하는 소비자와 비슷한 입장이다. 브
랜드나 기업의 가장 중요한 타깃은 그들이다. 나는 직접 해보
면서 사람들이 좋아할 만한 포인트를 체득하고, 쌓아 왔다. 그
걸 지금 업계가 궁금해하는 것 같다.

나는 오히려 목표나 목적이 없어서 오랜 시간 같은 얘
기를 지치지 않고 할 수 있었다고 생각한다. 내 SNS 게시글
수를 보면, 7년 동안 하루에 한 개 이상은 올렸을 거다. 일이
거나 의도된 프로젝트였으면 절대 할 수 없었을 거다. 의도를
갖고 했다면 정말 대단한 끈기를 가진 사람이다. (웃음)

스스로의 전문성은 뭐라고 생각하나?

사실 전에는 내가 전문성이 있다고 생각하지 않았다. 최근에 여러 기업에서 주거, 먹거리 등에 대한 앞으로의 방향성과 관련한 조언을 요청받으면서 조금 의아하긴 했다. 전문가들이 많을 텐데 왜 나를 찾았지? 사람들이 하는 고민을 똑같이 경험하지만, 더 깊게 생각하는 사람이라서가 아닐까 싶었다. 나도 똑같이 월세에 허덕이고, 집에 물이 새서 힘들어한다. 그런 입장에서 삶을 좀 더 잘 살기 위해 시도하고 행동해 보는 사람이라서 나를 찾는 것 같다.

나는 어떤 분야나 학문을 잘 알거나 전문 용어를 사용해서 말할 수 있는 사람은 아니지만, 반대로 사람들에게 이해하기 쉬운 언어로 설득할 수 있다는 강점이 있다. 내가 그동안 고민했던 것들이 최근에 명확한 용어로 치환되기 시작했다. 예를 들어, 예전부터 무과수 마을을 만들고 싶다, 결이 잘 맞는 이웃과 상생하면서 재미있게 살고 싶다고 생각했다. 그런데 최근에 어떤 사람이 '무과수는 도시 재생 하면 잘할 것 같다'고 하더라. 내가 하고 싶었던 게 도시 재생이구나, 하고 그제서야 알게 됐다. 요즘 그런 재미를 느끼고 있다. 그래서 이 분야에 관한 전문적인 공부를 해서 내 언어로 치환하고, 사람들에게 잘 전달하고 싶다는 생각을 하기 시작했다.

잘하는 일, 잘하는 분야를 어떻게 발견했는지 궁금
하다.

사람들이 많이 고민하는 게, 뭘 좋아하는지, 뭘 해야 할지 모
르겠다는 거다. 그런데 나는 그냥 해봤다. 2016년에 긴 여행
을 떠난 것이 시작이었다. 여행 자체보다 어떻게 시간을 보냈
는지가 중요했다. 로컬 집에 묵으면서 그곳 사람들의 삶, 또래
의 일상, 공간이나 환경을 들여다볼 수 있었다. '나도 취향 가
득한 집을 꾸며 놓고, 친구들도 많이 초대하면서 재미있게 살
아 봐야지'라는 생각이 들었고 돌아와서 진짜 하기 시작했다.
집을 꾸몄고, 사람들을 초대하다 보니 자연스레 이웃에 대한
관심도 생겼다. 집을 기반으로 가지치기를 한 셈이다. 먹는 것
에 관심을 가지면서 해시태그 '무과수의 식탁'을 만들게 되
고, 아침을 챙겨 먹으면서 '무과수의 아침'을 추가했다. 그때
그때 관심이 생긴 걸 하면서 무수히 많은 점을 찍었는데, 나중
에 보니 그 점들이 하나의 선으로 이어지면서 유기적인 이야
기가 되더라. 내가 해온 일들을 하나의 맥락으로 설명할 수 있
게 됐다.

　　　일단 지금 관심 있는 걸 하되, 기록을 쌓는 게 중요하다.
기록이 없으면 내가 언제, 얼마만큼 생각했는지 남지 않는다.
나는 인스타그램에 다 남아 있다. 날짜가 찍히니까 시간도 쌓

이고, 내용도 쌓이고, 깊이도 보인다. 시간이 지나면서 얼마나 고민이 깊어지고 발전했는지 말이다. 요즘은 그걸 전문성으로 쳐주는 시대인 것 같다. 그 분야에 대해 누가 제일 깊게 고민하고, 오랫동안 쌓아 올렸는가. 나는 시간을 가장 중요하게 생각한다. 일에서도 똑같다. 스타트업이 아무리 잘돼도 대기업의 자본력이면 금방 따라잡을 수 있다고들 하지만, 그래도 따라잡을 수 없는 게 시간이라고 생각한다. 콘텐츠라면 콘텐츠를 쌓아 올린 시간이다. 숫자는 따라 할 수 있지만 고민하고 쌓아 온 시간은 따라잡을 수 없다. 꾸준히 시간을 쌓아 올린 게 지금의 나를 만든 가장 중요한 포인트라고 생각한다.

회사의 의미

지금 하고 있는 일을 좋아하나?

좋아한다.

망설이지 않고 바로 답한다. (웃음) 좋아하는 일과 잘하는 일이 구분된다고 생각하나?

구분은 될 수 있다. 지금도 좋아하는 일을 하고 있지만, 그 안에 내가 잘할 수 있는 부분도, 부족한 부분도 있다. 여전히 여러 고민을 하고 있지만, 좋아하는 일을 해야 한다는 생각에는 변함이 없다. 시간이 아까워서다. 월요일부터 금요일까지 매일 9시간을 회사에서 보내는데, 재미없는 일을 한다면 견디기 힘들 거다. 회사를 선택할 때 일의 재미를 가장 중요하게 생각한다. 항상 그걸 쫓아 왔기 때문에 지나온 시간이 후회된 적은 없다. 회사에서 하는 일이 나에게도 도움이 되고, 내가 하는 일도 회사에 도움이 된다. 유기적으로 연결되는 거다.

어떤 식으로 연결되나?

사람들이 나한테 '딴짓하는 거 회사에서 싫어하지 않냐'고 많이 묻는다. 회사에선 오히려 응원해 주시는데, 여기에 중요한 맥락이 있다고 생각한다. 내가 따로 하는 일들은 궁극적으로 나만을 위한 건 아니다. 예를 들면 지금 회사에서 라이브 방송 포맷을 신규로 기획해서 진행하고 있는데, 여기에 내가 개인적으로 라이브 방송을 해본 경험이 쓰인다. 실제로 나도 궁금한 게 생기면 개인 라이브 방송을 켜보기도 한다. 밖에서 하는 '딴짓'에서 얻은 경험으로 회사 일을 끌어가고, 성장시키고 있기 때문에 회사도 내가 딴짓을 하고 있다고만 생각하지는 않는 거 같다.

조직에 속한 사람으로서 일하는 건 무과수 개인에게 어떤 의미인가?

회사를 통해 사람들에게 닿는 목소리의 면적은 개인보다 훨씬 크다. 회사를 통해 이야기하면 내가 전달하고 싶은 것을 훨씬 빨리, 많은 사람에게 닿게 할 수 있다. 혼자서는 오랜 시간을 들여야 낼 수 있는 결과가 회사를 통해서는 더 빨리 일어날 수 있다.

개인이 말하고 싶은 것과 회사의 방향이 일치하면 좋지만, 쉬운 일은 아니다. 어떻게 일치시킬 수 있었나?

회사에서 중요하게 생각하는 건 결국 사용자가 원하는 것이다. 누구보다 사용자를 잘 이해하는 사람이라는 걸 어떤 방식으로든 증명했기 때문에 나의 의견에 귀를 기울여 주고, 기회도 줬다고 생각한다. '무과수는 감도 높은 인테리어나 콘텐츠를 좋아하는 사람들에 대한 이해도가 높아'라는 인식이 있기 때문에 관련된 업무가 있을 때 나를 먼저 찾는다. 물론 회사의 전체적인 방향은 내가 원하는 대로만 끌어가기 어렵고, 그게 정답도 아니라고 생각한다. 대신 나는 회사 안에서 내가 잘 이해하는 타깃을 대상으로 하는 업무를 맡아 이끌어 간다.

조직의 일부로서 일하면서 배우는 건 어떤 것들인가?

나는 스타트업에서 일하고 있고, 그래서 사수가 가르쳐 주는 걸 배우기보다는 온몸으로 부딪히면서, 사용자와 함께 호흡하면서 배운다. 하고 싶은 방향대로 팀을 설득하는 데도 많은 에너지를 들인다. 전에는 그게 답답했는데, 최근에 생각이 바뀌었다. 설득하면서 훨씬 많이, 치열하게 고민한 과정이 스스로의 전문성을 다지는 데 많은 도움이 된 것 같다. 이게 왜 좋은지 이해시키기 위해 노력하면서 더 많이 성장했다.

능력의 믹스 앤 매치

스스로의 일을 어떻게 정의하고 있는지 궁금하다.

포지션을 믹스 앤 매치mix and match하는 것에 관심이 많다. 예를 들어 나는 '콘텐츠 에디터지만 기획도 잘하고, 디자인도 다룰 줄 아는 사람'이다. 그중에서도 스토리텔링을 잘하고, 콘텐츠를 통해 브랜딩을 할 수 있다. '에디터'라는 직무에 갇히기엔 할 수 있는 것이 많아서 다양한 포지션을 믹스한 직무를 스스로 만들고 있다. 앞으로 이런 믹스 앤 매치가 더 중요해질 거라고 생각한다. 단순히 데이터 분석가, 개발자가 아니라 '기획도 할 줄 아는 개발자' 같은 포지션이 등장하는 거다. 그게 나만의 강점을 키우는 방법이기도 하다. 한 직무에서 최고가 되기는 너무 어렵다. 누가 최고인지 개념을 정하기도 어렵고, 어떻게 줄 세울지도 애매하다. 아예 그 경쟁에서 벗어나는 것도 방법이다. 나는 글도 쓰고, 디자인도 하고, 영상과 사진도 찍을 줄 안다. 전문적이지는 않지만 나만의 톤tone 혹은 코어를 갖고 다양한 브랜드나 포지션을 가진 사람과 협업한다. 그래서 나를 소개할 때 종종 '한 단어로 정의할 수 없는 직업과 삶을 갖고 싶어서, 일과 딴짓의 경계를 허물고 두 가지가 버무려지는 삶을 추구한다'고 말한다.

전에 없던 방식으로 커리어를 만드는 걸 불안해하는 사람도 많다. 스스로 정의한 능력이 항상 적재적소를 찾을 수 있다는 확신이 있나?

코로나 영향도 있지만, 일의 방식이 근본적으로 달라지고 있다. 앞으로 어떤 사람이 중요해질까를 보면, 결국 강점과 매력이 있는 사람일 거다. '디자인을 아는 개발자'처럼 여러 직무의 경계에 있지만 반드시 필요한 포지션이 있을 거라고 생각한다. 물론 어떻게 매력적으로 연결하는지가 중요하다. 어떤 능력이 결여됐다는 이유로 믹스 앤 매치를 하려고 하면 안 된다. 각 장점을 부각하는 방향이어야 한다. 예를 들어 나는 포토샵이나 일러스트레이터를 다른 디자이너만큼 잘하는 건 아니지만, 보는 안목은 뒤지지 않을 자신이 있다. 이걸 강점으로 만들 수 있다. 일하다 보면 '이것도 하면서 저것도 봐줄 수 있는 사람이 있으면 좋겠다' 싶을 때가 있지 않나. 이런 빈 부분이 기회라고 생각한다.

내가 쓰이는 시장을 직접 만드는 방향이다.

맞다. 그런데 완전히 새로운 미지의 세계를 개척하는 건 너무 어렵다. 지금의 신scene에서 어떤 방향으로 나아갈지 고민하는 것이 필요하다. 나는 처음에 인테리어만 얘기했지만, 거기에서 주거, 식생활, 패션 같은 라이프스타일로 확장해 왔다. 인테리어 얘기만 계속 했다면 지금처럼 성장하기 어려웠을 거다. 비슷한 상태에 머무르거나, 식상해져서 도태됐을 거다. 다룰 수 있는 분야를 확장한 덕분에 컬래버레이션할 수 있는 브랜드나 할 수 있는 업무의 범주가 넓어졌다. 내가 속한 키워드는 뭐고, 어디로 확장할 수 있는지 생각해 보면 좋을 것 같다.

지금 속한 분야가 지속 가능하다고 생각하나?

'삶'에 관한 고민은 해도 되고 안 해도 되는 게 아니라 무조건 하게 되는 분야다. 라이프스타일의 디자인적인 측면이 아니라 진짜 삶의 본질에 대한 이야기를 하려고 한다. 잘 먹고, 건강을 챙기고, 삶을 단단하게 쌓아 올리는 건 누구나 하고 싶은 일이지 않나. 트렌드랄 것도 없고, 사는 내내 계속될 고민이라고 생각한다. 인생에 정답이 없으니까 더 가능한 것 같다. 계속해서 다양한 방식으로 삶에 관한 좋은 고민을 던지고 제안할 수 있으니까.

내가 해낸 일들을 어떻게 증명할 수 있을까? 특히 여러 능력을 결합해서 직업을 정의하는 사람들은 어떤 일을 할 수 있는지 보여 줘야 한다.

회사에서 낸 성과에서 내 기여를 명확하게 분리하기는 어렵다. 개인으로서 할 수 있는 건 과정을 붙잡는 일이다. 내가 어떤 사소한 선택을, 어떤 능력을 활용해서 무슨 생각으로 했는지 이야기하면 결과에서 내 지분이 몇 할이라는 걸 굳이 증명하지 않아도 된다. '저 사람이 계속 얘기했던 과정의 총집합이구나' 하고 봐주는 거다. '나 이렇게 잘했어' 하는 결과보다 과정의 고민을 말하는 것도 좋은 방법이다. 결과물은 누군가의 고민과 선택으로 만들어진다. 일하는 과정에서 어떤 선택을 했고 이유는 무엇인지 명확하게 스스로 설명할 수 있다면, 성패와 상관없이 배울 수 있다. 치열하게 고민하고 설득하면서 나와 일의 방향성을 일치시키면 자연스럽게 사람들이 알아줄 것이다. 이건 결국 좋아하는 일을 해야 하는 이유기도 하다. 좋아하는 일이 아니면 절대 나와 일치시킬 수 없으니까. 회사와 나의 간극을 줄이면 자연스럽게 나를 증명할 수 있게 된다.

평생 하고 싶은 일엔 균형이 필요하다

일과 삶을 분리하지 않는 편인가?

작년까지는 그랬는데, 건강 문제를 크게 겪고 나서 생각이 많이 바뀌었다. 예전엔 못한다는 얘기도 절대 안 하고, 스스로 몸을 혹사시키면서 일했다. 그러다 결국 크게 아프면서 번아웃이 왔다. 그때그때 잘 조절했다면 금방 회복할 수 있었던 걸, 거의 바닥까지 찍고 오느라 올라오는 데 시간이 훨씬 오래 걸렸다. 지금은 매일 건강한 에너지를 쌓고, 컨디션을 잘 컨트롤하는 데 초점을 맞추고 있다. 단순히 '칼퇴'를 한다기보다

밸런스를 조절하는 거다. 좋아하는 일을 평생 하고 싶다. 그래서 더더욱 건강한 몸과 마음 그리고 체력이 필수다.

어떻게 균형을 찾았나?

전엔 130퍼센트, 140퍼센트의 에너지를 쓰는 걸 일상처럼 했는데, 그걸 조절하고 있다. 100퍼센트를 쓴다고 해서 일을 덜 열심히 하는 게 아니라는 걸 스스로에게 말하면서 다독인다. 금방 지치지 않고, 좋아하는 일을 더 오래 하기 위해 필요한 것이라고 말이다. 사실 크게 아프지 않았으면 계속 그렇게 살았을 거 같다. 그런데 삶이 끝날 수도 있다는 생각이 들어야만 멈출 수 있다는 게 슬프지 않나.

에너지는 어디에서 얻나? 개인으로서도 일하면 매 순간 일하는 걸로 느껴지겠다.

최근까지 그 고민을 했다. 몸을 움직이지 않고 가만히 있는 게 쉬는 거라 생각했는데, 생각해 보니 뇌를 안 쉬고 있더라. (웃음) 그래서 요즘엔 아침 운동을 시작했다. 생각을 차단하고 한곳에 집중할 수 있고, 체력 증진에도 도움이 된다. 생각을 쉬는 시간이 나에게는 꼭 필요하다.

회사 일과 함께 여러 가지 일을 병행한다. 시간 관리는 어떻게 하나?

내가 하는 프로젝트는 특별히 많은 시간을 들여서 계획하고, 준비하는 식이 아니다. 친구를 만나고, 노는 것처럼 즉흥적으로 그때그때 하고 싶은 걸 하는 편이다. 그 외에 원고를 쓰는 일은 아침이나 주말을 활용한다. 다른 직장인과 주어지는 시간은 비슷한데 더 많은 것을 하는 것처럼 보이는 건 개인의 일과 회사 일의 방향이 같아서다. 회사 일을 하고 남는 시간에 무언가를 해서 이루려면 시간이 부족할 수 있지만, 회사에 있는 시간도 모두 나에게 도움이 되는 시간이다. 모든 것이 한 방향으로 나아가고 있기에, 시간 대비 많은 것을 쌓을 수 있었다.

스스로 개인 브랜딩을 하고 있다고 생각하나?

개인 브랜딩에 대해 크게 생각하거나 고민하는 편은 아닌데, 주변에서 그렇게 봐주는 것 같다. 좋아하는 것을 꾸준히 할 뿐인데 감사하게도 시간이 흐를수록 점점 하나의 맥락으로 또렷해진다. 퍼스널 브랜딩 관련한 연사 요청이 와서 강연한 적이 있는데, 사람들은 보통 명확한 방법을 기대한다. '이렇게 기획했기 때문에 이 정도의 팔로워를 얻을 수 있었어' 같은. 그런데 나는 주로 '왜'에 관한 얘기를 했다. 요즘처럼 정보가 쏟아지는 시대에 방법을 몰라서 못 한다고 생각하진 않는다. 오히려 '왜'를 몰라서 어려움을 겪는다.

인스타그램을 어떤 주제로 운영할지 정한다고 해도, 내가 왜 그 주제를 다뤄야 하는지 모르면 절대 지속할 수 없다. 조금이라도 효과가 안 나오면 흔들리기 일쑤니까. 좋아하는 걸 하면 이유가 명확하다. 좋아하니까. 다른 이유는 사실 필요 없다. 결국 내가 무엇을 좋아하는지 알아야 한다. 대중이라는 개념은 점점 사라질 거라고 생각한다. 취향은 점점 더 세분화되고 있다. 모두가 좋아하는 답을 찾을 필요가 없는 거다. 좋아하는 걸 하면, 그걸 좋아해 주는 다른 사람이 분명 있다.

지금 가는 방향이 맞는지는 어떻게 판단할 수 있을까?

'어떤 삶을 살고 싶은가'에 대한 큰 방향을 알고 있어야 한다. 나는 삶에서 당장의 돈보다는 다양한 경험이나 재미를 중요하게 생각한다. 모든 크고 작은 선택은 이걸 기준으로 한다. 어마어마한 돈을 주지만 재미없는 일을 해야 하는 회사와 하고 싶은 일 사이에서 선택해야 한다면 후자를 택한다. 지금 당장 많은 돈을 벌지 못해도 내 것을 단단하게 쌓아 가면 돈이 나를 따라오게 만들 수 있다고 믿는다.

일하는 사람으로서 장기적인 목표는 무엇인가?

상생할 수 있는 구조를 만들고 싶다. 불안과 경쟁에서 벗어난 공동체를 만드는 게 목표다. 각자 잘할 수 있는 것, 가진 것들을 버무려서 완전체를 이루는 공동체.

시도하고, 실패하고, 기록하기

진짜 나 자신, 그것과 연결되는 나의 일을 발견하고 정의 내리는 법은 무엇일까? 좋아하는 일이라도 명확하게 설명하거나 정의하기 어려울 때가 많다.

정말 하고 싶지 않은 뻔한 말이지만, (웃음) 해봐야 안다. '저게 나랑 맞을까', '내가 잘할 수 있을까' 생각만 해서는 알 수 없다. 나도 집에 관한 얘기를 이렇게까지 깊게 하게 될 줄 몰랐다. 그냥 계속해서 좋다고 얘기했을 뿐인데, 이렇게 책에 실릴 인터뷰도 하게 됐다. 본질은 좋아하는 걸 꾸준히 했다는 거다.

아침을 챙겨 먹는 리추얼ritual 프로그램을 4개월째 운영하고 있는데, 4개월 내내 참여한 분이 있다. 첫 달에 달성률이 저조해서 그만둘 줄 알았는데, 다음 달에도 신청하셨다. 두 번째 시도에는 성공하셨고, 세 번째에는 더 나은 고민을 하기 시작하셨다. 그분의 기록에서 성장의 흔적을 봤다. 그래서 프로그램 운영을 도와줄 분이 필요했을 때 그분을 추천했다. 오히려 단번에 성공한 분보다 실패부터 성공까지의 경험을 모두 알고 있으니 더 많은 도움이 될 거라 생각했다. 그분 주변 사람들이 '요즘 뭐 하는 거냐'고 많이 물어본다고 하더라. 변화가 시작된 것이다. 사람들이 관심을 갖기 시작했으니까.

시도하고, 고민을 기록하는 게 핵심이겠다.

무언가를 해야 쓸 게 있다. 해보고, 느낀 걸 가감 없이 쓰면 된다. 잘하는 것만 기록하고 드러내려 하면 고민될 수밖에 없다. 성공할 것만 시도해야 하니까. 하지만 지금은 오히려 실패담이 주목받는 시대다. 성공만 한 사람들의 이야기는 나와 너무 멀다. 실패를 의연하게 받아들이고, 과정을 꾸밈없이 기록하는 게 성장의 시작이다.

동료를 만드는 법이 궁금하다. 개인으로서 일하려면 단순히 회사에서 같이 일하는 사람보다, 같은 회사에 있든 아니든 서로 지지하고 피드백을 줄 사람이 필요할 것 같다.

내가 더 뾰족해지면 된다. 거짓 없이 나를 드러내면 '나와 잘 맞겠다'고 느낀 사람이 하나둘 다가오기 시작한다. 희미하면 사람들은 헷갈려 한다. 그래서 더 솔직해질 필요가 있다. 내가 누구인지를 자세히 보여 주면 서로 더 쉽게 알아볼 수 있다. 라이프스타일, 취향, 삶에 대한 생각 등 좋은 모습뿐 아니라 약점이 될 수 있는 부분도 꺼내 보이려고 한다. 사람으로서 먼저 다가가면, 나를 힘껏 응원해 주는 동반자를 만날 수 있다.

박지호는 콘텐츠를 브랜드와 공간으로 확장하는 일을 한다. 17년 동안 에디터로 일한 경험을 바탕으로 '매거진식의 감도 높은 콘텐츠'를 공간에 녹여 내는 일을 시작했다. 2012년부터 2019년까지 《ARENA》 편집장으로 일했고, 2016년부터 박지호의 심야책방, 2018년부터 심야살롱, 현재 영감의 서재를 운영하고 있다. 2019년 어반스페이스오디세이(USO)를 공동 창업해 2020년까지 서울시와 협업해 만든 공간 중림창고에서 심야살롱, 다양한 브랜드의 콘텐츠를 공간에 입히는 프로젝트를 진행했다. 현대카드 DIVE 어드바이저, 대림문화재단 이사로도 활동하고 있다.

박지호는 한 시장에 오래 속해 있던 사람으로서 변화의 흐름을 읽고, 쌓아 온 역량을 활용하는 새로운 방법을 찾았다. 핵심은 끊임없는 실험과 검증이다. 조직에 속한 상태에서 '사이드'로 했던 일에서 단단한 경험과 확신을 쌓아 올렸다. 잘할 수 있는 영역을 찾고 일을 해내는 과정의 핵심은 나의 장점과 단점을 파악하고, 빈 영역을 채워 줄 수 있는 개인이나 팀과 협업하는 것이다.

3

박지호 ; 주관의 매력을
객관의 상품성으로

콘텐츠 메이커의 실험

무슨 일을 하냐는 질문에 어떻게 답하나.

핵심은 콘텐츠 메이커다. 최근에는 특히 공간과 관련된 콘텐츠 작업을 주로 하고 있다. 공간 혹은 다양한 방식을 통한 브랜딩 활동도 겸하고 있다.

오랫동안 잡지 에디터로 일했다. 어떻게 현재의 일을 하게 됐나.

내가 매거진 에디터로서 만들어 왔던 콘텐츠는 글과 사진으로 대표되는 책의 방식이었다. 그걸 어떻게 다른 방식으로 전환할 수 있을지 고민했다. 편집장을 하면서 매거진 시장 자체가 좁아지고, 사람들이 매거진을 통해 얻었던 인사이트가 이제는 유효하지 않다는 판단을 했다. 새로운 플랫폼이 필요하다는 결론을 내린 거다. 하지만 감도 높은 콘텐츠는 여전히 유효하고, 가능성이 있다고 생각했다. 개성이 또렷하게 드러나는 개인이나 좋은 철학을 가진 브랜드와 콘텐츠를 결합하는 것이 답이라고 생각해서 콘텐츠 실험을 해보고 있다. 현대카드나 여러 브랜드와 하는 작업이 그런 맥락이다.

**편집장일 때부터 심야책방과 심야살롱을 운영했던 게
그런 고민과도 맞닿아 있었나.**

그렇다. 심야책방을 시작한 것이 고민의 시기와 겹쳤다. 활로
를 찾는 방법은 두 가지였다. 내가 속했던 분야에서 경영인이
나 관리자로서 새로운 시도를 하는 것과 개인적인 진로를 찾
는 것이다. 첫 번째 방법은 불가능하다고 판단했다. 올드 미디
어의 체계상 새로운 것을 시도하거나 만들기가 힘들고, 그 시
간 동안 좌초할 위험이 크다. 관리자로서 당시 구세주처럼 떠
오른 영상이나 디지털 쪽에서 새로운 시도를 하기보다는 오
히려 한 발짝 물러나서 오프라인 공간에 콘텐츠를 녹이는 것
이 좋은 방법이라고 생각했다. 소수에게 직접적으로 영향을
미치는 방식의 콘텐츠를 테스트해 본 것이 심야책방이었다.

　　심야책방은 겉으로 보기에는 '북토크'와 비슷해 보이지
만, 좋은 공간과 콘텐츠의 결합에 사람들이 어떤 반응을 보이
는지 실험한 것이다. 무리해서라도 한 달에 한 번씩 공간을 바
꿨던 이유다. 콘셉트 있는 공간에 책이라는 콘텐츠가 결합했
을 때 사람들이 어떤 경험을 하는가가 주된 관심사였다. 시작
점부터 달랐기 때문에 이 프로젝트를 심야살롱이나 지금 하
고 있는 영감의 서재로 진화시킬 수 있었다.

혼자, 또 같이 일합니다

지금 하는 일을 어떻게 정의하나? 종류로 따지면 다양
한 일을 한다.

'직원도 없이 그 많은 걸 어떻게 다 하냐'는 이야기를 많이 듣
는다. 하지만 나에겐 다 같은 맥락의 일이다. 지난해에는 한식
브랜드 봉피양과 중림창고에서 협업 프로젝트를 했다. 역사
가 있는 브랜드를 지금의 맥락에서 해석해 보여 주는 방식이
었다. 최근 밀레니얼 세대에게 중요한 키워드인 F&B 브랜드
를 내 방식으로 공간과 결합하는 활동을 해본 것이다. 책 대신
F&B라는 테마로 콘텐츠를 실험한 셈이다. 제품이든, 책이든,
사람이든 콘텐츠의 한 형태다. 사람들이 이걸 내가 편집한 맥
락에서 받아들이도록 하는 게 내가 하는 일의 핵심이다.

그렇게 다양한 프로젝트를 혼자 완결할 수 있나?

혼자 할 수 있는 일과 혼자 못 하는 일이 있다. 큰 브랜드의 일
에는 실무적인 작업과 다양한 분야의 사람들이 필요하다. 이
걸 어떻게 극복할지가 주된 고민이다. 기존 회사에 들어가거
나 회사를 차려서 해결하는 건 정답이 아닌 것 같다.

그럼 지금은 어떤 방식으로 일하나?

혼자 일하되 프로젝트에 따라 크루를 모으거나, 다른 집단과 협업한다. USO를 만들었을 때는 어반북스라는 그룹과 협업해 그쪽의 노하우, 디자인이나 스태프들을 파견받고 거기에 나의 기획을 결합하는 방식이었다. 올해도 그런 식의 프로젝트를 계속 이어 갈 예정이다. 내가 프로젝트를 주도하는 사람으로서 신뢰를 줄 수만 있다면, 프로젝트마다 제대로 역량을 발휘할 수 있는 크루crew들을 모아서 일하는 방식이 가능하지 않을까 하는 고민을 하고 있다.

회사를 차려서 팀원을 고용하는 방식을 선택하지 않은 이유는 무엇인가?

우선 그런 방법으로 각 프로젝트에 정말 적합한 사람들과 일할 수 있을 것인가 하는 근본적인 의문이 있다. 두 번째로, 조직을 갖추게 되면 내가 하고 싶은 일을 위해서보다는 회사를 유지하기 위해 일을 해야 한다. 지금껏 개인으로서 나는 좋아하고, 하고 싶은 일만 했다. 루이스폴센, 현대카드, 이솝처럼 내가 배울 점이 있고, 그 브랜드의 힘으로 내 콘텐츠가 더 힘을 받을 수 있는 브랜드하고만 협업해 왔다. 반면 회사를 차리면 연간 매출 같은 목표에 따라 일을 수주하게 될 것이다. 프로젝트별로 좋은 크루들이 모일 수 있는 구도를 짜는 것이 이상적이다.

혼자 일하더라도 함께 일할 사람은 필요한 셈이다. 조직에 속하지 않은 상태로 함께 일할 사람을 구하는 방법이 있을까.

가장 쉬운 방법은 협업이다. 최근 《폴인》을 통해 내가 라이프스타일 기획자들을 인터뷰한 콘텐츠를 발행한 이유기도 하다. 내가 만드는 콘텐츠에선 사람이 중요하고, 그걸 내 관점에서 편집하는 것이 핵심이다. 원래대로라면 직접 매거진 회사를 운영하거나 다른 회사에 들어가서 인터뷰를 해야만 가능한 일이다. 그런데 시스템을 갖춘 팀과 협업하니 내가 사람을 골라서 인터뷰만 하면 그 후의 발행, 영상화 과정은 나보다 잘할 수 있는 팀이 담당해 줄 수 있었다. 지금 한국 사회에서 가장 현실적인 방법이다.

두 번째 방법은 자기 능력을 증명하고, 그런 사람들이 모이는 구조를 만드는 것이다. 사실 혼자 일하는 데는 여러 난관이 있다. 회사도 아닌 개인을 어떻게 믿고 일을 맡기냐는 의심도 있고, 어떤 일을 어디까지 할 것인지, 페이는 얼마나 받을지 등이 전혀 규정되지 않은 상태다. 각자 어떤 프로젝트들을 해왔는지 보여 주고, 완결할 수 있다는 걸 입증해야 한다. 나뿐만 아니라 그런 사람들이 더 늘어나서 큰 대행사에 맡기지 않아도 개인들이 일을 해내고 최상의 효과를 낸다는 걸 증명해야 한다고 생각한다. 아직 명확한 사례가 있는 건 아니지만, 고민하고 만들어 가야 한다. 일하는 방식의 변화는 사회 변화와 맞물려 있고, 기존의 한계를 극복하고 더 잘살고 싶은 욕구를 반영하고 있다. 앞으로 중요해질 흐름인 건 분명하다.

연결하는 전문성

스스로의 전문성을 무엇이라고 생각하는지 궁금하다.

엄밀하게 따지면 나에겐 전문성이 별로 없다. 디자인을 하는 사람도 아니고, 건축가도 아니다. 하지만 나는 나를 콘텐츠 메이커라고 규정한다. 사회의 흐름을 읽고 그걸 편집해서 사람들에게 보여 주는 일의 전문가다. 잘하는 건 서로 다른 분야에서 니즈를 발견하고 새로운 방식으로 결합하는 일이다. 가령 나는 이솝과 협업해 한국 작가들과 《파리 리뷰Paris Review》 매거진을 함께 읽는 프로그램을 진행했다. 이걸 하기 위해선 이솝이라는 브랜드를 이해하고, 《파리 리뷰》를 알고 내용을 파악하며, 작가들과 네트워크가 있어야 한다. 각각은 큰일이 아닐 수 있지만 세 가지를 결합하는 건 굉장히 어려운 일이라고 생각한다. 즉 나는 기획자에 가깝다. 일반적인 기획자보다는 흐름과 네트워크, 앞으로 나아갈 방향을 더 민감하게 파악하는 사람이다.

잘하는 일을 어떻게 발견했나?

못하는 일을 빨리 찾는 게 중요하다. 나는 디자인을 못한다. 하지만 디자인을 많이 봤고, 누가 잘하는지 파악하는 안목은 있다. 잘하는 사람을 발견하면 그 사람에게 전적으로 맡긴다. 역설적으로 못하는 분야를 빨리 찾고, 거기서는 어디까지 배울 수 있는지 파악했다.

잡지 에디터로 일하면서 다양한 분야를 접했다. 조직에서 얻은 능력이라고 할 수 있을까.

그렇다. 사실 큰 혜택을 받았다고도 볼 수 있다. 예전의 잡지 에디터는 가장 먼저 다양한 분야의 사람을 만나고, 무언가를 체험하고 흐름을 파악하는 위치였다. 그때 경험한 것들이 지금 일하는 방식의 근간이 됐다. 다만 그 능력을 예전엔 책 만드는 데 투입했다면 지금은 프로젝트와 브랜딩, 공간 연출 등 다양한 방식으로 펼쳐 내고 있다. 일하면서 발견하고 쌓은 장점을 지금 시대에 맞는 방식으로 어떻게 전환해야 할지 고민한 결과다. 조직에 그대로 있었으면 장점이 묻혔을 수도 있다. 어떻게 바꿔 낼지에 관한 고민이 독립하는 데 중요한 자산이 됐다.

조직에서 일하면서 얻는 것을 내 자산으로 만드는 방법은 무엇일까?

사실 조직의 일부로서 얻는 것엔 한계가 있다. 대기업에선 큰 규모와 예산으로 사람들에게 영향을 미치는 일을 해볼 수 있다. 그건 중요한 경험이다. 하지만 지휘하는 것과 수동적으로 한 부분만 맡는 건 전혀 다르다. 주니어일 때는 겪어 보는 것 자체가 도움이 되지만 시니어로 올라섰을 땐 다르다. 지휘하는 역할까지 올라갈 수 있는 사람은 한정되어 있다. 그걸 해볼 수 없는 위치라면 치열하게 고민해 봐야 한다.

　일하다 보면 내가 하는 일이 왜 필요하고, 왜 중요한지 맥락을 놓칠 때가 너무 많다. 나도 그랬다. 심지어 편집장일 때도. 이건 일하는 사람들의 고민일 수밖에 없다. 일의 한 파트가 아니라 전체적인 영향과 효과를 파악할 수 있는 위치에 가거나, 그걸 고민하면서 일하거나, 아니면 회사 일은 그대로 두고 내가 정말 좋아하고 하고 싶은 일을 따로 조직해야 한다. 아무리 작더라도 스스로 컨트롤할 수 있는 일을 찾아내는 거다.

일하면서 소모되는 것과 능력을 쌓는 것의 차이는 어디서 올까?

사실 누구나 소모된다. 나도 매거진에서 일한 17년 동안 절반은 소모됐을 거다. 그래도 소모된 만큼 월급도 받았고, 버틸 만했다. 문제는 지금은 더 힘들어졌다는 거다. 회사에 오랫동안 안정적으로 있기 힘든 시대가 되고 있다. 자기만의 무언가를 찾아야 한다. 내가 만난 훌륭하게 일하는 분들의 유형은 두 가지였다. 하나는 정말 좋아하는 일만 하는 사람들. 아티스트에 가깝다. 그러나 이런 사람은 정말 드물다. 두 번째가 우뇌와 좌뇌를 같이 쓰는 사람이다. 해야 하는 일은 좌뇌로 하고, 좋아하는 일은 우뇌로 한다. 보통은 회사 일을 하면서 좌뇌가 지치면 쉬는데, 그걸 좋아하는 일을 하면서 극복한다. 일을 두 배로 할 수 있게 되는 셈이다. 소모되면서 일하더라도, 나머지 우뇌를 쓰는 시간에 좋아하는 일을 잘 배열하는 것도 방법일 수 있다. 회사에 다니건, 독립하건 내가 좋아하는 일만 하기는 어렵다. 자신만의 조율 방법을 찾는 게 중요하다.

좋아하는 일, 잘하는지 알고 싶다면

지금 하는 일은 좋아하는 일인가?

좋아하는 일에 가깝다. 그중에서도 내가 좋아하면서 잘하는 게 뭔지, 못하는 건 어떻게, 누구와 함께 할지를 끊임없이 고민하는 편이다.

좋아하는 것과 취향을 드러내고, 그걸로 사람들을 설득하는 일을 하고 있다. 객관성을 유지하기 쉽지 않을 것 같다.

한국은 트렌드나 흐름이 정말 급격하게 바뀌는 사회다. 판데믹을 겪으면서 더 체감하기도 했다. 변화에 빠르게 적응하는 것에 단련되지만, 낙오되기도 쉽다. 내가 일을 제대로 잘하고 있는지 객관성을 놓치면 순식간에 외면받을 수도 있다. 그래서 내가 뭘 못하는지 끊임없이 되새기고, 살펴야 한다는 생각이다. 나와 전혀 다른 사람들과 일을 해보는 것도 중요하다. 거기서 배울 수도 있고, 오히려 그들이 직설적인 얘기를 해줄 수도 있다. 나는 독립하고 난 뒤부터 대부분 그동안 같이 일해보지 않았던 팀이나 영역과 일했다.

혼자 일하면 잘하고 있는지를 스스로의 기준으로 판단
해야 한다. 내가 가는 방향이 맞는지 어떻게 확인할 수
있을까.

인스타그램이 확인해 준다. (웃음) 별로다 싶으면 반응이 확
떨어진다. 아주 냉정하다. 항상 테스트를 받는 상황이라고도
할 수 있다.

독립한 상태로 일하려면 인스타그램을 하는 것처럼 내
가 잘할 수 있는 일을 알리는 것도 중요하겠다.

알리려면 인스타그램과 유튜브가 최고일 거다. 그런데 나는
유튜브의 알고리즘이나 특성과 내가 하는 이야기가 안 맞는
다고 생각해서 유튜브를 하지는 않는다. 대신 현대카드 DIVE
같은 플랫폼을 활용한다. 가장 큰 이유는 내가 가진 콘텐츠가
대중에게 직접 영향을 미치는지 회의적이었기 때문이다. 내
가 하는 콘텐츠는 소수에게 영향을 미친다. 직접 대중을 대하
기보다는 플랫폼과 같이 일하는 방향을 택했다. 나와 결이 맞
고 내가 기여할 수 있는 플랫폼을 통해 대중을 대하는 셈이다.
나름대로의 분석을 통해 이런 결론을 내렸다.

어떤 시장을 대상으로 일을 하고 있다고 생각하나?

크리에이티브한 영역이 필요한 그룹이 내 클라이언트다. 그
래서 주로 브랜드와 일한다. 크리에이티브한 걸 배우고 싶어
하는 대중은 나의 주된 타깃은 아니다. 그래서 강의하는 방식
의 콘텐츠는 아직 만들지 않았다. 내가 가진 역량은 대중에게
바로 통용되는 건 아니라고 생각한다. 심야살롱을 가지고 굳
이 영상 같은 콘텐츠를 만들지 않는 이유기도 하다. 지난해 중
림창고 공간에서 프로젝트를 진행한 USO를 일단 멈춘 것도
공간을 운영해서 대중을 직접 상대하는 건 내 영역이 아니라
는 판단을 했기 때문이다. 훨씬 간결한 방식으로 할 수 있다고
생각했다. 공간을 운영하는 그룹에게 내가 콘텐츠와 콘셉트
를 심어 주거나, 초기 세팅을 하는 식이다.

그런 판단을 내리게 된 과정이 궁금하다.

해보니까 아닌 것 같더라. 독립하고 나서 대중에게 직접 영향
을 미치는 것과 브랜드를 통해 영향을 미치는 것 두 방향을
모두 해봤다. USO 역시 테스트에 가까웠다. 그래서 서울시
후원을 받아서 했던 거다. 1년 동안 실험해 본 결과 나는 프립
Frip이나 클래스101처럼 강연 방식으로 가거나, 코사이어티

Cociety나 취향관처럼 큰 공간을 커머셜하게 운영하는 것과는 다른 방향으로 가야겠다고 생각했다. 현재 정동에 만들고 있는 영감의 서재는 내가 갖고 있는 콘텐츠를 물성화해 보여 주는 일종의 쇼룸에 가깝다. 예약제로 운영하며, 원하는 브랜드 또는 사람들이 일정 시간 머무르며 충분히 콘텐츠를 경험하고 느낄 수 있도록 구상하고 있다.

개인 단위에서도 린 스타트업 전략처럼 프로토타입을 만들어서 검증하고, 앞으로의 방향을 결정하는 방식이다.

그런 테스트가 가능하다면 가장 좋다. 한국을 감싸고 있는 정서는 불안이다. '회사를 안 다니면 앞으로 어떡하지' 하는 불안감을 느낄 수밖에 없다. 나 역시 회사를 그만두면서 정말 많은 일을 가지고 나왔다. 대림미술관 일도 하고, 현대카드 일도 하고, 회사도 차리고. 얼마나 불안했으면 그랬을까. (웃음) 불안을 어떻게 상쇄할 수 있을지 솔루션을 갖고 시도해야 한다.

확신은 경험에서 나온다

대중보다는 브랜드를 대상으로 해야겠다는 판단을 내

렸다. 그 시장이 지속 가능하다고 생각했나?

처음엔 책과 문화, 공간을 중심으로 콘텐츠를 만드는 나를 주변에서 많이 비판했다. 디지털이 대세인데 왜 편협하게 하나는 거다. 하지만 사회적 흐름을 봤을 때 디지털이 강화될수록 실제로, 입체적으로 경험할 수 있는 콘텐츠가 중요해질 거라는 생각을 했다. 7, 8년 전에도 그런 확신은 있었다. 한두 해의 유행으로 끝나지는 않을 거라는 판단이다. 브랜드들은 좋은 홈페이지를 만드는 것 이상으로 공간을 만드는 데 돈을 쓸 것이다. 코로나로 변수가 생기기는 했지만 올해 백신 접종이 시작된 다음에는 공간 프로젝트가 쏟아질 것이다. 브랜드를 표현하는 가장 좋은 방법이 공간이라는 생각은 7년 전에도, 지금도 변함이 없다.

주변에서 지적을 받아도 확신할 수 있었던 이유는 무엇인가?

경험이다. 7년 동안 나는 공간이 사람들에게 어떤 영향을 미치는지 테스트해 봤다. 사람들이 디자인이 훌륭한 공간을 좋아하는지, 전망이 좋은 곳을 좋아하는지, 어떤 시간대를 선호하는지 등이다. 나는 다행히 회사에 다니면서 시간을 내서 테스트해 볼 수 있었고, 라이프스타일에 대한 고민이 형성되는 시기에 시작했기 때문에 더 많은 반응을 끌어낼 수 있었다.

코로나 이후 공간을 방문하고 경험하는 방식이 완전히 달라진 것은 사실이다. 앞으로 브랜드들이 공간을 만들거나, 공간에 콘텐츠를 녹이는 일은 어떤 방향으로 달라질까?

코로나를 가정한 상태로 바뀔 것이다. 복합몰처럼 대규모로 사람들을 공간에 집어넣는다는 발상은 이제 깨졌다. 많은 사람을 모으는 것보다 소수라도 얼마나 좋은 경험을 하며 머무르게 하는가가 핵심이 되고 있다. 공간은 디지털에 비해 대중성이 약할 수밖에 없다. 스타필드처럼 큰 곳이라고 해도 말이다. 규모를 통한 접근은 이미 한계에 봉착한 상태였는데, 코로나가 시기를 당겼다. 내가 하는 일의 콘셉트엔 더 잘 맞게 된다. 심야책방을 할 때도 규모를 키우자는 제안이 많았고, 브랜드에서 '500명을 집객해 달라'는 협업 제안이 들어오기도 했다. 당시엔 하고 싶지 않았고, 내 커리어에도 도움이 되지 않을 거라 생각해서 안 했다. 지금은 그런 방식이 의미가 없어졌다. 코로나가 많은 사람을 힘들게 만들었지만, 장기적으로 더 좋은 흐름을 만들 수 있는 시점이라고 생각한다.

<u>혼자 일하는 사람으로서 스스로가 쓰일 수 있는 시장을</u>
<u>최대한 확장하는 게 좋을까, 좁히는 게 좋을까?</u>

최근에 브랜딩을 잘하는 분들이 계속 하는 얘기이기도 한데, 처음부터 대중한테 먹힐 수 있는 아이템은 없다. 정확한 타깃이나 나와 잘 맞는 그룹에게 먼저 어필해야 퍼져 나갈 수 있다. 특히 콘텐츠 영역에서는 핵심 타깃에게 어떻게 다가갈지가 중요하다.

<u>핵심 타깃은 어떻게 발견하나?</u>

사람은 신기한 존재라, 내가 좋아하는 걸 좋아하는 사람들은 다 비슷하다. 가장 쉬운 방법은 그렇게 찾는 거다. 결국, 좋아하는 일을 해야 한다. 좋아한다고 잘할 수 있는 건 아니지만, 좋아하는 걸 해야 성공 확률이 높다.

일하면서 쉬고 쉬면서 일하기

<u>개인으로서 일하면 일과 삶이 잘 분리되지 않겠다.</u>

일하고 삶은 분리가 안 된다. 분리하면 안 된다고 생각하는 편

이다. '워라밸'은 잘못 만들어진 단어라는 생각이다. 일이 얼마나 하기 싫으면 그런 단어가 나왔을까. 좋아하는 일을 하면 일과 생활이 구분되지 않는다. 모든 게 일의 과정이 되기 때문이다. 맛있는 걸 먹든, 좋은 곳에 가든 일하는 것일 수 있다. 일과 생활의 경계가 무너진다기보다는 일체화된다.

그럼 쉴 땐 어떻게 하나?

모든 걸 비우는 시간도 필요하다. 아예 작정하고 책만 본다거나, 어딘가로 떠난다거나. 평상시엔 일과 생활이 거의 밀착하고, 일을 잘하는 게 곧 삶의 가치를 높이는 것이 되는 게 좋다고 생각한다.

시간은 어떻게 관리하고 있나.

사실 끊임없이 일 생각만 한다. 나는 주로 밤에 일한다. 오전에는 자거나, 운동하거나, 사색을 하면서 보내고 아침 겸 점심을 먹은 다음 정오부터 활동한다. 나에게 가장 잘 맞는 사이클이라 이렇게 일하고 있다. 혼자 일하는 것의 장점이다. 회사 다닐 땐 월요일 오전 8시에 하는 회의가 가장 싫었다. 솔직히 반쯤은 그것 때문에 나온 것이기도 하다. 이제 오전엔 운동하고, 저녁에는 반신욕을 하는 루틴을 만들어 놓고 나머지 시간은 대부분 일에 투입하고 있다.

나 자신과 나의 일을 발견하고 정의하는 방법이 있을까? 먼저 경험한 사람으로서 조언한다면.

좋아하는 것에서 답을 찾는 게 가장 좋은 방법인 것 같다. 주관에 객관을 덧붙이는 거다. 주관에서 출발해 객관의 필터를 거쳐 나온 결과물만큼 강력한 건 없다. 객관화의 도구는 스스로 끊임없이 고민하고 찾아야 한다. '내가 하는 게 맞나' 하는 자기 회의가 도움이 된다고 생각한다. 테스트, 경험, 함께 일하는 팀 등 어떤 걸 통해서든 내가 가진 주관성을 어떻게 객관화할지 고민하는 거다. 개인에게나, 브랜드에게나 그게 핵심이다. 주관이 없으면 매력이 없고, 객관화되지 않으면 상품성이 없다. 개인 브랜딩과 기업의 브랜딩은 크게 다르지 않다. 개인은 치밀함을 어떻게 획득할지, 기업은 매력을 어떻게 만들지가 관건이다.

조직에서 나와서 혼자 일하니 좋은가?

지금까지는 만족하고 있다. 편집장 선배들은 독립한다면 대기업으로 옮기거나, 아예 은퇴하는 경우가 대부분이었고 나처럼 개인으로서 활동하는 경우는 거의 없었다. '편집장이 뭘 할 수 있겠어, 지시만 해봤을 것 아니야' 같은 생각도 있다. 나는 그 단점을 메우기 위해 심야책방을 할 때 기획부터 시놉시스 작성, 섭외, 의자 세팅까지 다 직접 했다. 그게 자산이 됐다. 핵심은 공부다. 책을 보는 게 아니라, 현장에서 쌓이는 경험 말이다. 해보지 않으면 절대 알 수 없다. 각자 맡은 파트만 담당하는 조직의 구성원으로선 얻기 힘든 경험이다. 그걸 획득하는 게 핵심이다. 그럴 수 없다면 차라리 좋은 회사에 오래 다니는 게 나을지도 모른다. 하지만 우리는 100살까지 살 거고, 누구나 언젠가는 독립해야 하는 시대다. 흐름은 이미 바뀌었다. 혼자, 또 같이 일할 수 있는 구조를 찾는 것이 중요한 이유다.

김겨울은 구독자 17만 명을 보유한 유튜브 채널 〈겨울서점〉을 운영하며 책을 소개하는 '북튜버'로 활동하고 있다. MBC 표준FM '라디오 북클럽 김겨울입니다'의 DJ도 맡고 있다. 앞서 인디 가수로도 활동했다.《책의 말들》,《독서의 기쁨》,《유튜브로 책 권하는 법》등을 썼다.

김겨울은 한 번도 조직에 속해 일한 적이 없다. 좋아하는 일로 새로운 길을 만들겠다는 확고한 신념 때문이다. 그가 독립적으로 일하면서 끊임없이 성장하고, 자신을 브랜드로 만든 비결은 뭘까. 바로 '자기 규율'이다. 김겨울은 멈춰야 할 때와 멈추지 않아야 할 때를 안다. 그에 맞춰 일과 삶의 리듬을 잡는다. 출발점은 자신을 정확히 아는 데 있다.

김겨울 ; 안되는 일을
되게 만드는 방법

뭔가를 만드는 사람

자신을 어떻게 소개하나.

유튜버 겸 작가라고 표현한다. 소개 글이 필요할 때는 MBC 라디오 DJ 등 몇 줄을 더 추가하기도 한다.

유튜브 영상을 만들고 글을 쓰는 것 외에 음악도 한다. 각각의 일들을 어떻게 하게 됐는지 궁금하다.

20대 중반부터 음악을 만들고 공연을 했다. 그러던 중에 동료 뮤지션이 마포 FM이라는 지역 방송국에서 라디오 프로그램을 맡게 됐는데, 같이 하자고 제안했다. 그래서 6개월 정도 DJ를 했다. 하니까 재미있더라. 어렸을 때 라디오를 많이 좋아하기도 했고. 또 그때 유튜브 방송을 많이 보고 있었다. 겸사겸사 '유튜브 한번 해볼까' 하는 가벼운 마음으로 시작했다. 혹시나 나중에 출판사 같은 데 취업을 하게 되면 포트폴리오로 낼 수 있지 않을까 하는 소박한 바람을 가지고 시작했다. (웃음)

글쓰기는 어렸을 때부터 좋아했다. 책 읽는 걸 계속 좋아했기 때문에 글 쓰는 것도 재미있었고, 고등학생 때는 작가가 되고 싶다는 생각을 막연하게 했다. 혼자 이런저런 글을 계속 쓰다 보니 여기까지 왔다.

김겨울이란 이름이 나오면 사람들은 겨울서점을 가장 먼저 떠올린다. 유튜브로 책을 소개한다는 생각을 어떻게 하게 된 건가.

사실 대단한 계기가 있었던 건 아니다. 건너서 아는 사람이 페이스북에서 책 관련 방송을 하고 있었다. 그때 '저런 것도 할 수 있구나'라고 생각했다. 나도 당시에 유튜브를 보고 있었지만, 책과 관련한 방송을 할 생각을 못 했었다. 그러다가 책 방송을 재미있게 할 수 있을 것 같고, 잘할 수 있을 것 같았다. 그리고 마침 카메라도 있었다. 좋지는 않다. 20분 찍으면 꺼지는 카메라인데. (웃음) 어쨌든 카메라도 있고 한번 해보려고 마음먹으니 그다음에는 금방 진행이 됐다. 겨울서점의 첫 목적은 나 자신의 재미였다.

10만 명이 넘게 보는 대표적인 북튜브 채널이 됐다. 지금의 목적은 무엇인가.

특별한 야망 없이 재미로 시작했지만, 지금은 목적과 의미가 확대됐다. 지금 가장 중요한 목표는 사람들이 책에 더 쉽게 다가갈 수 있게 하는 거다. 책을 여러 방식으로 소개할 수 있지 않나. 강요할 수도 있고 협박을 할 수도 있다. (웃음) 책을 읽지 않으면 의미 없는 인생이라고 한다든지, 아니면 책을 몇 번 읽으면 당신의 인생이 바뀐다고 한다든지. 하지만 나는 그런 접근을 하지 않는다. 왜냐면 내가 그렇게 책을 읽지 않기 때문에. 책은 내 일상에 들어와 있고 내 삶의 일부다. 나의 유희이기도 하고. 그런 이야기를 전달하면 보는 사람도 책에 대해 부담감을 줄이는 것 같다. 실제로도 부담이 줄었다는 메시지를 많이 받았다. 조금 더 편안하게 책에 다가갈 수 있도록 하는 게 핵심이다.

결국 책에 대한 진입 장벽을 낮추는 일을 하는 셈이다.

그렇다. 실제로도 그런 피드백을 많이 받는다. 처음에는 내가 그런 일을 하는 건지도 몰랐다. 책은 나에게 당연한 존재고, 나는 내가 당연하게 생각하는 것들을 해왔으니까. 그런데 내 유튜브 채널에 대해 누군가가 쓴 글을 우연히 읽게 됐다. '남들이 책을 권하는 시간에 그녀는 이미 책을 읽고 있다'는 내용이 있더라. 그러니까 책에 대해 환상을 주는 게 아니라 '일단 재미없으면 그냥 넘어가세요. 괜찮아, 괜찮아'라는 식이다.

<u>지금 하는 다양한 일들을 한 가지로 정의할 수 있을까.</u>

내가 운영하는 네이버 블로그와 인스타그램 프로필을 보면 소개란에 '만드는 사람'이라고 돼 있다. 내가 하는 일들을 다 합치면 결국 '뭔가를 만드는 사람'이라고 정의할 수 있을 것 같다. 모두가 그렇겠지만 사람에게는 다양한 부분이 있지 않나. 예를 들어 업으로 삼지는 않지만 나는 춤추는 걸 좋아한다. 내가 가지고 있는 여러 특성이 하나로 통합되기는 쉽지 않다고 생각한다. 모드를 다양하게 바꾸면서 일을 하는 쪽에 가까운 것 같다. 그중에 핵심적인 능력을 뽑아내면 읽고 쓰는 일이다. 내 커리어의 핵심이다.

불안하지만, 하고 싶으니까

<u>조직에 속해서 일한 적이 한 번도 없다.</u>

혼자 일하는 걸 좋아하고 그게 잘 맞다. 나는 회사에 들어가면 행복하지 않을 종류의 사람이다. 회사에 들어갔다면 상사가 나를 별로 좋아하지 않았을 것 같기도 하고. 조직 생활에 내가 적합한 인간인지 잘 모르겠다. 나는 애초에 취업하거나 조직에 들어가겠다는 생각이 전혀 없었다. 스물아홉 살 때까지는 내가 좋

아하는 걸로 뭐가 길을 만들 수 있으면 좋겠다는 막연한 생각이었다. 다른 가능성 자체를 생각해 본 적이 없다. 동기나 선후배들이 취업 준비하고, 인턴하고, 자격증 따는 걸 보면서 '이건 나하고는 먼 세계다'라고 생각했다. 그러는 동안 나는 음악을 만들고, 오디오 장비를 사고, 공연했다. 회사라는 옵션은 없었다.

대다수는 정형화된 성공의 틀을 밟아 가기를 원한다. 대기업에 취직하거나 결혼해서 가정을 꾸리는 걸 성공의 기준이라고 보는 사람도 여전히 많다. 처음부터 자신만의 길을 간다는 것에 대한 불안감은 없었나.

너무 불안했다. 매일 아침에 일어나서 불안하고, 자기 전에 불안하고. 밥 먹다가 불안하고. '굶어 죽으면 어떡하지'라는 생각을 했다. 주변 친한 동기, 선후배들한테 "항상 나를 위한 5000원을 남겨 놔라. 내가 밥을 굶으면 사줘야 한다. 나중에 내가 밥 사달라고 하면 외면하면 안 된다." 이런 얘기를 농담 반 진담 반으로 했을 정도다. 불안이 그냥 일상이었다.

지금은 어떤가.

그때만큼은 아니지만 지금도 불안하다. 그런데 내가 원하는 걸 하고 싶다는 욕심이 불안보다 조금 더 컸다. 만약 비슷했으면 다른 선택을 했을 수도 있다. 그런데 욕심이 컸기 때문에 '설마 굶어 죽기야 하겠어'라는 굉장히 안일한 생각으로 버텼다. 어떻게 보면 내가 세상 물정을 잘 몰랐다. 몇 살이 되면 결혼을 하고 집을 사고, 몇 살 때 차를 사고. 이런 욕망 자체가 없었다. 경제적인 자립은 항상 나에게 큰 과제였지만, 내 옵션에는 결혼도 없었다. 결혼 자금을 모아야 한다는 생각도 당연히 없는 거다. 욕심도 없었다. 그러니까 항상 불안해도 '어떻게든 되겠지'라는 순진한 생각으로 견뎠다. 사실 누가 보면 철이 없다고 생각할 수도 있다. 어떻게 보면 운 좋게 잘 풀렸다고 할 수 있다. (웃음)

불안하기 때문에 타협하는 경우도 많다.

그래서 내가 회사 들어갈 성격이 안 된다는 거다. 또 불합리한 것과 절차가 많은 걸 너무 싫어한다. 집단에서 일을 착착착착 해야 할 때가 있지 않나. 그런데 나는 "이렇게 하면 되는데 왜 굳이 이걸 해야 하죠?"라고 말하는 스타일이다. 절차가 많은 걸 못 견디는 사람이어서 혼자 일을 할 수 있었다. 그래서 독립적으로 일하면서도 너무 불안에 휩싸이지 않을 수 있었던 것 같다. 기질적인 부분도 이유가 됐던 것 같다.

우회로를 찾다

지금 하는 일을 다 좋아하나.

사실 다 좋아할 수는 없다. 좋아하는 일을 해도 거기에 따라오
는 것들이 있다. 예를 들어 세무를 하고 싶어 하는 사람이 많
지는 않을 거다. 좋아하는 일을 하기 위해 어쨌든 처리해야 하
는 일들. 그런 걸 제외하면 전반적으로는 좋다. 악플도 마찬가
지다. 누가 그걸 보고 싶어 하겠나. 하고 싶은 일을 하기 위해
서는 따라오는 거다. 전체적으로 봤을 때는 만족한다.

자신이 가장 잘하고, 전문성이 있다고 생각하는 분야는
무엇인가.

고민하고 있다. 군이 꼽는다면 책 읽고 글 쓰는 것은 그나마
내세울 수 있다. 하지만 전문성에 대해 늘 고민한다. 지금은
조금씩 다 잘하는 일들을 두세 개씩 통합해서 일한다. 예를
들어 말하기와 책 읽기를 합쳐서 유튜브를 하고, 라디오를 한
다든지. 이런 식으로 몇 가지를 조합한다. 어떤 한 분야에 대
해 전문성을 가질 만큼 깊게 판 사람은 아닌 것 같다. 사실 커
리어에 있어 고민되는 부분이기도 하다. 하지만 꼭 하나를 꼽

는다면 텍스트를 읽고 거기서 의미를 읽어 내는 것. 그걸 바탕으로 내 생각을 쓰는 것. 이게 나의 전문성이라고 할 수 있지 않을까.

글쓰기를 잘한다는 건 언제 알게 됐나.

어렸을 때부터 글쓰기를 좋아하기도 했고 칭찬도 많이 받았다. 대단히 뛰어나지는 않더라도 글을 못 쓰지는 않는다는 걸 느꼈다. 그리고 소설을 쓰라고 했던 국문과 교수님이라든지, 문학의 길을 계속 권유하셨던 선생님들이 계셨다.

다른 분야들은 어떤가.

음악도 사실 어렸을 때부터 피아노를 쳤다. 한동안 오래 못 쳤지만, 선생님이 나에 대해서 욕심이 있었고, 콩쿠르에 나가서 상을 받으면서 내가 그래도 귀가 없지는 않다고 생각했다. 말할수록 재수 없어지는 것 같다. (웃음) 그렇게 인정받은 경험들이 재능을 발견하게 한 것 같다

결과적으로 좋아하는 일을 잘하게 됐다. 하지만 많은 사람들이 좋아하는 일과 잘하는 일 사이에서 고민한다.

둘을 구분해야 한다고 생각하나.

너무 어렵다. 대체로 좋아하는 일을 열심히 하면 그래도 90퍼센트까지는 잘하게 되는 것 같다. 내가 정말 좋아하니까. 그런데 좋아해도 정 안되는 일이 있으면 대체재를 찾는 수밖에 없을 것 같다. 사실 나도 대체재를 계속 찾아온 사람이다. 내가 유튜버가 됐기 때문에 지금 책을 쓸 수 있는 건데, 사실 글을 쓰는 사람으로서 인정을 받기 위해서는 등단을 한다든지, 기자가 된다든지 그런 식의 루트를 원할 수도 있지 않나. 나를 향해서 누군가가 "쟤 유튜버여서 책 쓸 수 있는 거잖아요"라고 말할지도 모른다. 그럼 나는 '유튜버여서 책을 쓸 수 있는 게 어디야'라고 생각하는 거다. 어쨌든 결론적으로 책을 낸 거지 않나. 결국은 내가 하고 싶은 일을 할 수 있게 됐으니 좋다.

좋아하는 것과 잘하는 것이 100퍼센트 구분되는 경우는 잘 없고, 서로를 보조하는 관계에 있을 때 자신에게 도움이 되는 방향이 될 수 있지 않을까. 물론 어느 정도 운이 좋아야 하지만. 나는 둘을 완전히 구분하기보다는 우회로를 찾는 스타일인 것 같다. 비슷한 걸로 어떻게 비벼 보고, 해보려고 하는 그런 스타일. (웃음)

책을 좋아하는 사람들을 대상으로 한 시장에서 활동하

<u>고 있는 건가, 아니면 큰 틀의 콘텐츠 제작자라고 생각</u>
<u>하나.</u>

비중을 따지자면 지금은 책을 좋아하는 사람들을 대상으로
하는 게 크다. 처음에 겨울서점 채널을 만들 때 타깃층이 그랬
다. 나처럼 책 좋아하는 사람들이 분명히 있을 거라고. 반에서
되게 조용한데 책 읽는 사람들. 나처럼 알라딘 굿즈에 목매는
사람이 있을 거라고 생각했다. (웃음) 내가 그런 사람이라서,
그런 사람들이 많이 볼 거라고 생각했다. 겨울서점의 성장은
책을 좋아하는 구독자들이 먼저 유입하고, 책을 잘 읽지 않는
구독자도 조금씩 늘어나는 과정이었다.

<u>책 소개뿐 아니라 브이로그, 인터뷰 등 콘텐츠가 다양</u>
<u>하다.</u>

그런 식으로 확장해 나가고 있다. 기본적인 틀은 책을 좋아하
는 사람을 대상으로 하되 책을 잘 읽지 않는 사람도 재미나
매력을 느낄 만한 요소들을 가끔 넣어 주는 식이다. 여러 가지
방식이 있을 수 있다. 편집 스타일이라든지 아니면 다루는 주
제도 가끔은 알고리즘의 가호를 받아 유튜브 추천에 뜰 만한
내용을 고를 수도 있다. 길게 봤을 때는 다양한 콘텐츠 제작

쪽으로 확장해야 하지 않을까 하는 고민을 하고 있다.

콘텐츠 제작 쪽으로 확장해야 한다고 보는 이유는 무엇
인가.

사실 사람들이 책을 많이 안 읽으니까 구독자가 늘어나는 데
한계가 있다. 예를 들어 내 목소리가 좋아서 영상을 본다고 해
도 그걸로 밀어붙이는 데는 한계가 있다. 처음에 1년 정도 유
튜브를 운영했을 때는 이 채널이 과연 구독자 1만 명을 넘길
수 있을지 의문이었다. 그때만 해도 유튜브 시장이 지금보다
더 작았다. 2017년이었으니까. 심지어 그때 사람들은 유튜브
를 잘 보지도 않았다. 지금은 일단 유튜브 시장 자체가 커졌
다. 그리고 겨울서점 채널에 책을 자주 읽는 사람뿐 아니라 책
을 잘 읽지 않는 사람들도 많이 들어온다. 그렇다 보니까 콘텐
츠 제작 쪽으로 확장하지 않으면 더 이상의 성장을 기대하기
어렵겠다는 생각을 많이 한다. 그리고 나 자신에게 어떤 능력
이 더 있는지 궁금하기도 하다. 콘텐츠 제작으로 완전히 갈 수
는 없겠지만 뭔가 발을 살짝 걸쳐 봐야 할 시점이 된 것 같다.
일단 해보고 아니면 말자는 생각이다. (웃음)

멈추는 힘, 지속하는 힘

혼자 일할 때 가장 중요한 것은 무엇인가.

건강, 돈, 멘탈, 자기 규율이다. 건강은 기본이다. 돈도 당연히
어느 정도 벌 수 있어야 생활 유지가 가능하다. 꼭 본업이 아
니라 알바를 하더라도 어쨌든 수입이 있어야 하니까. 그리고
멘탈을 잡을 수 있어야 한다. 이 세 가지를 유지하기 위해서
자기 규율이 꼭 필요하다.

자기 규율이 뭔가.

말 그대로 자기 자신을 조절하는 능력이다. 나도 가끔은 책 읽
기 싫고, 일하기 싫을 때도 있다. 하루 이틀 정도 그러는 건 상
관없다. 하지만 장기적으로 봤을 때 결국 내가 원하는 모습으
로 가기 위해서는 자신을 제어해야 한다. 너무 일하기 싫어도
다시 생활의 리듬을 잡는 것이다. 나를 책상 앞에 앉히고, 책을
읽게 하고. 난 또 책을 읽기 시작하면 재미있게 읽는다. 막상 시
작하면 괜찮다. (웃음) 결국 자신을 조절하는 능력이 필요하다.
　　반대로 일을 멈추는 능력이기도 하다. 이를테면 건강을
유지할 수 있는 선에서 일을 멈추는 능력이다. 일을 많이 해서

돈을 마구 긁어모을 수는 있지만 그랬다가는 건강이 망가지
니까. 성공을 위해 나를 극한까지 밀어붙이는 게 아니라, 내가
좋아하는 일을 지속할 수 있게 하는 능력이 자기 규율이다. 어
떤 경우에는 대단히 욕망을 절제해야 한다. 일을 더 받을 수
있고, 그 일을 해 나의 커리어를 강화할 수 있지만 '아니야. 여
기서 내가 자르는 게 맞아'라고 욕망을 눌러 주는 거다.

조절하는 능력을 어떻게 키울 수 있나.

그건 능력이 아니라 선택이다. 나는 성격상 출퇴근은 못 할 것
같다. 출퇴근하는 직장인들이 정말 대단하다고 생각한다. 반
대로 출퇴근하는 사람들은 내가 대단하다고 생각할 수 있다.
어디에 자기 규율을 발휘할 것이냐는 본인의 선택이다.

일을 계속하면서 소모될 수도 있고, 능력이나 자산을 쌓
을 수도 있다. 그 둘의 차이가 어디서 온다고 생각하나.

휴식이다. 내가 아직 오래 일한 게 아니어서 엄청난 인사이트
는 아닐 수 있다. 다만 콘텐츠 제작자로서 중요한 게 결국은
밑천이더라. 나의 곳간이 얼마나 차 있는가. 결국 여기서 계속
꺼내 써야 하기 때문이다. 기본적으로 콘텐츠 제작은 일종의

소모라고 생각한다. 내가 읽은 것들을 토대로 책을 쓰고, 영상을 만들고, 라디오를 진행해야 한다. 인풋을 바탕으로 하는 일이다 보니, 인풋을 쌓을 시간이 없으면 너무 소모되는 느낌이 들더라. 곳간을 채울 시간을 줘야 이 직업을 유지할 수 있다는 생각이 든다. 밑천도 그렇고, 건강도 그렇고.

최근 두 달여 동안 겨울서점을 휴방한 것도 같은 맥락인가.

이번에 유튜브 휴방을 하면서 매일매일 비슷한 시간표로 살았다. 종일 공부하고 책 읽는 시간표였는데 너무 행복했다. 목적의식 없는 독서와 공부를 참 오랜만에 한 거다. '이런 시간이 모여서 나중에는 내가 조금 더 괜찮은 글을 쓰고 괜찮은 말을 할 수 있는 사람이 되겠구나. 이 시간이 나를 그렇게 만들어 주겠구나'라고 느꼈다.

인간 김겨울의 삶이 콘텐츠로 이어지다 보니 일과 삶을 분리하기 어려울 것 같다. 시너지를 내는 방법이 있나.

유튜브 자체가 일이랑 삶을 구별하기 힘든 매체다. 일과 삶을 구별하지 않을수록 사람들이 좋아하기도 한다. 나의 사생활,

내밀한 취향을 말할수록 반응이 좋다. 나는 일과 삶을 분리하려고 애를 쓴다. 개인 김겨울이 유튜버 김겨울에 잡아먹히지 않게 하려고 애쓰고 있다. 일과 삶을 구분하는 게 정신적으로 훨씬 건강한 일이다.

구분하기 위해 어떤 노력들을 하고 있나.

예를 들어 내가 읽는 책의 전체 리스트를 절대 공개하지 않는다. 나 혼자 읽는 책들이 있고 절대 리뷰하지 않는 책들이 있다. 다 공개해 버리면 내가 소모될 수밖에 없기 때문이다. '인간 김겨울'의 것을 남겨 둔다. 그리고 유튜버 김겨울이 받는 평가나 반응을 오해하지 않는다. 인간 김겨울에 대한 평가가 아니라고 애를 써서 생각한다.

구독자가 늘수록 댓글도 많아질 텐데, 신경 안 쓰기가 쉽지 않을 것 같다.

사실 힘들다. 유튜버로서 받는 평가나 악성 댓글에 초연해지려고 하고, '이건 유튜버 김겨울의 영역'이라고 생각해도 힘들다. 그래서 일과 삶을 분리하지 않으면 너무 괴로워진다. 나의 영역을 잘 지키고 가꾸는 것. 그 영역을 잘 지켜서 나 자체

가 나은 사람이 되려고 노력하는 게 영상과 글에도 긍정적인
영향을 주는 것 같다.

<u>쉴 때는 어떻게 쉬나.</u>

일단 그날 할 일이 끝나면 꼭 쉰다. 예를 들어서 읽어야 하는
책이 있고 읽고 싶은 책이 있지 않나. 쉴 때는 읽고 싶은 책을
읽는다. 강제성과 목적의식 없는 독서다. 아니면 유튜브에서
재미있는 영상을 본다든지, 춤을 배운다든지, 피아노를 친다
든지 진짜 내가 좋아하는 일들을 하려고 한다.

일은 하지 않으면 끝나지 않는다

<u>영상을 만들고, 책을 쓰고, 방송하는 일은 사실 한 가지
만 하기도 어렵다. 시간 관리를 어떻게 하나.</u>

일단 해야 할 일들이 있지 않나. 예를 들어서 유튜브라고 하
면, 영상이 언제 올라가면 좋겠다는 걸 결정한다. 한두 달
치를 미리 편성해 달력에 다 쓴다. 그다음 책 읽기, 대본 쓰
기, 촬영 같은 세부 작업 일정을 달력에 쓴다. 그러다가 강
연이나 행사가 들어오면 일정을 봐서 수락한다. 또 라디오

진행하는 날에 맞춰 책 읽을 날도 정하고. 원고 마감일도 써놓고. 그러다 보면 달력이 꽉 찬다. 그러면 한번 간을 본다. (웃음) 이맘때쯤 하루 쉬어야 할 것 같다고 정하고 그날 아무것도 안 한다. 이렇게 일정의 블록 쌓기를 해서 이날은 네 개, 이날은 다섯 개 정도 하면 하루를 채우겠다는 걸 체크한다. 그렇게 그날그날의 일을 한다. 그러면 일이 돼 있다. 대단한 시간 관리가 아니다. 무슨 성공 신화처럼 30분 단위로 다이어리를 쓴다든지 그런 게 아니다. 나는 다이어리 쓸 시간에 빨리 일하고 빨리 쉬자는 주의다. 휴대 전화 플래너에다가 할 일만 써놓고 체크 표시하면서 빨리 끝내고 쉴 생각을 한다.

미루지 않고 제때 일을 해내기가 쉽지 않다.

미룰 때도 있다. 예를 들어서 할 일이 다섯 개가 있는데 네 개를 했다. 다섯 번째를 너무 하기 싫다고 하면 다시 달력을 본다. 이 일을 언제로 미룰 수 있는지를 봐서 하루 미룰 수 있으면 미룬다. 기분에 따라서 조정도 한다. 물론 기본적으로 미루지 않기 위해 하는 생각이 있다. 이 일은 내가 해야 끝난다는 거다. 그러니까 빨리하는 게 나은 거다. 너무 일하기 싫으면 앉아서 30분 동안 '진짜 하기 싫다'고 하다가도 '빨리하자,

30분 동안 일을 했으면 벌써 끝났겠다'고 생각한다.

<u>일의 우선순위를 어떻게 정하고, 개별 프로젝트 완성도
관리는 어떻게 하나.</u>

보통은 유튜브 기준으로 돌아간다. 유튜브는 품이 많이 들어
가는 일이라 일정을 못 지키면 수습을 많이 해야 한다. 책 쓰
는 것도 굉장히 중요한 일이다. 그래서 일정이 안 겹치게 하려
고 노력한다. 그날 쓸 수 있는 에너지는 한정돼 있는데, 그 안
에서 할 수 있는 일을 잘 분산한다. 예를 들어 라디오 녹음을
하는 날 유튜브 촬영을 하지는 않는다. 둘 다 비슷한 에너지를
쓰기 때문이다. 또 책을 쓰는 날은 원고는 쓰지 않는다. 쓸 수
있는 에너지의 종류와 양을 분배해서 일정이 겹치지 않도록
하고, 겹치는 일정이 들어오면 거절한다. 거절을 잘하는 것도
중요하다. 하고 싶어도 달력을 먼저 보고, 소화할 수 없는 일
정이라면 거절한다.

<u>일할 때 함께 의논할 동료는 어떻게 만드나.</u>

만들고 싶다고 만들 수 있는 게 아니더라. 결국은 비슷한 직종
에 있는 사람들과 얘기를 하게 된다. 같이 일하는 사람들. 만

약 영상이나 책을 만든다고 하면 편집자가 있고, 원고를 쓰면 원고 담당자들이 있을 거다. 그렇게 일과 관련된 파트너에게 의견을 많이 묻는다. 그리고 동료가 아니더라도, 친한 친구들한테도 자주 묻는다. 그게 독자의 눈인 거니까. 친구들한테 '이거 어때' 하고 그냥 보낼 때도 있다. 그리고 넓은 의미에서의 동료들은 있지만 친밀하게 지내는 동료들은 사실 그렇게 많지 않다. 그게 조금 아쉽다. 동료를 만드는 노력을 해야 하지 않나 하는 생각도 든다.

나를 알아야 나를 팔 수 있다

지금 가는 방향이 맞는지 어떻게 판단하나.

그 판단을 하는 게 너무 힘들다. 대신해 줄 사람이 없어서 무척 고민스럽다. 우선 성과를 많이 본다. 내가 원하는 영역에서의 성과가 있었는가를 바탕으로 판단할 때도 있다. 예를 들어서 책이라고 하면 내가 원하는 질의 책이 만들어졌는지를 판단한다. 물론 모든 책을 낼 때마다 부끄럽지만, 그래도 편집자의 눈을 통과해서 세상의 나올 정도의 글이 됐다면 어느 정도 성과를 이뤘다고 본다.

유튜브는 어떤가. 유튜버라는 직업 자체가 생긴 지 오래되지 않아서 기준을 잡기 어려울 것 같다.

원하는 성과가 조회 수가 될 수도 있고, 댓글이 될 수도 있다. 의미 있는 영상이라면 한 명이라도 내가 전달하려 했던 걸 충분히 느꼈는지를 기준으로 삼을 수도 있다. 그렇게 피드백을 통해 확인하기도 한다. 또 전반적인 성과 지표들을 보면서 삶에서 나아가고 싶은 방향에 너무 벗어나지 않게 잘 가고 있는지 계속 자신에게 묻는다.

개인의 능력을 브랜드로 만드는 방법이 궁금하다.

사실 비법이라고까지 말할 거는 없다. 사람들이 나를 좋게 봐준다면 그건 내가 하나의 일관된 취향과 기준을 가지고 있어서가 아닐까 싶다. 내가 나에게 질문을 많이 해야 한다. 나는 무엇을 원하고, 어떤 사람이 되고 싶고, 사회에 어떻게 기여하고 싶은가에 대해서. 그 질문에 대한 답들이 삶 전반에 통합돼 있으면 사람들에게도 전달되는 것 같다. 나는 다양한 일을 하지만, 그 일들이 '김겨울스러운' 이미지로 통일돼 있다. 그 밑바탕에는 항상 불안해하면서도 이 일의 방향과 목적은 무엇일지, 내가 어떤 사람으로 살다 죽고 싶은지에 대한 질문과 답변이 있다. 책을 읽으면서도 계속해서 물어보고 있다. 그러면서 통합된 자아를 유지하려고 노력한다. 결국은 자기 자신에 대해서 잘 아는 사람이 다른 사람에게도 자신을 어필할 수 있다. 휴대 전화를 팔고 싶은데 기능을 전혀 모르면 어떻게 팔겠나. 나를 팔고 싶으면 나를 잘 알아야 한다.

김겨울의 정체성을 한마디로 표현한다면.

앞의 이야기와 연결된다. 자기 자신에 관한 질문이 정리된 사람이다. 내가 자신에게 뭘 물어봐야 할지를 알고 있고, 그 답을 확인하고 있고, 그 답이 변화하는 걸 지켜보고 있고, 그 답이 엇나가지 않도록 유의하는 사람이다.

차우진은 음악 및 음악 산업 평론가다. 20년 넘게 IT업계 기획자에서 엔터테
인먼트 전문 기자, 콘텐츠 기획자로 이동하며 일하고 있다. 현재는 매주 음악
산업과 팬덤, 인디펜던트 워커 등을 주제로 뉴스레터를 발행한다. 리디셀렉트,
《한겨레21》,《보그 코리아》등에 칼럼을 쓴다. 2020년부터는 TMI.FM이라는 브
랜드를 만들고 음악 생태계에 도움이 될 만한 일을 구상하고 있다.
차우진이 처음부터 음악을 사랑한 건 아니다. 음악은 그가 좋아하는 글을 쓸
수 있는 수단이었다. 덕분에 자신의 자격을 끊임없이 물으며 치열하게 노력
했다. 스스로에 대한 고민이 원동력이다. 끊임없이 '왜'라고 묻는 데서 퍼스
널 브랜딩의 답을 찾는다.

평론가의 자격

비평도 하고, 칼럼도 쓰고, 뉴스레터도 보내고, 하는 일
이 참 많다. 누가 직업을 물으면 뭐라고 하나.

있는 그대로 이것저것 한다고 얘기한다. 내 입으로 평론가라
고 하기에는 민망해서. (웃음) 그 호칭을 스스로한테 붙여도
되는지 오래 고민했다. 프리랜서로 일을 하면서부터는 '반백
수'라고도 소개했다. 다양한 일을 하고, 돈을 벌고 있는 건 맞
는데 부모님이나 어른들한테 딱 무엇을 하고 있다고 설명하
기가 어렵더라. 내가 하는 일을 어딘가에 글로 남겨야 할 때는
'보고, 듣고, 읽고, 쓰는 일을 합니다'라고 한다. 나를 소개한
다는 건 여전히 어렵다.

그래도 더 구체적이고 직관적으로 설명해야 할 때가 있
을 것 같다.

크게 두 가지다. 콘텐츠 비즈니스 관점으로 음악 산업을 바라
보는 것. 일단 이게 내가 하는 일을 가장 잘 설명하는 말이다.
또 하나는 크리에이터, 아티스트 혹은 그 이름을 지향하는 사
람들이 성장할 수 있도록 도와주는 일을 한다.

이렇게도 나눌 수 있다. 남들이 나한테 맡기는 것과 내가 멀리 바라보며 주도적으로 만들어 가는 일이 있다. 전자는 음악 트렌드나 콘텐츠 분야의 글쓰기나 강의다. 후자는 뉴스레터. 일주일에 서너 개 정도를 보낸다. 라디오 콘셉트의 '밤레터', '드래프트 브리핑', 김안나 전 퍼블리 CCO와 둘이서 주고받는 '숨참(숨은 참조)' 뉴스레터다. 또 음악 산업 관계자들과 정보 공유를 하기 위해 MIT(Music Industry Talk)라는 오픈 카톡방을 운영한다. 또 TMI.FM이라는 브랜드를 만들어 음악 생태계를 돕기 위해 할 수 있는 일을 찾고 있다. 남들이 시키는 건 돈을 받고, 내가 주도적으로 하는 일은 돈을 안 받는다. (웃음)

그 많은 일들을 어떻게 정의하나. 한 가지로 정의할 수 있다고 보나.

여러 종류의 일을 한다고 생각하는데, 그래서 많이 힘들었다. 그래도 '하나의 개념'으로 내 일을 정의해야 하니까. 그 고민을 오랫동안 했다. 평론, 음악, 기획 등이 다 포함돼 있다 보니 복잡했다. '나는 뭐 하는 사람이지?'에 대한 고민이 매우 길었다. 지금은 '음악 산업 평론가'라는 표현을 자주 쓴다.

음악 평론이라는 일을 하게 된 계기가 뭔가.

글 쓰는 걸 공식적으로 시작한 건 1999년부터다. 군대를 갓 제대했을 때고 회사 들어가기 전이다. 그때 한창 웹진 붐이 일었는데 그때부터 월간지나 사보, 웹진에 글을 싣기 시작했다. 주로 한국 인디 음반 소개와 리뷰를 쓰면서 일을 시작했다.

원래부터 음악을 좋아했나?

사실 그때는 음악을 잘 몰랐다. 음악에 대해 글을 쓸 생각은 전혀 없었다. 글을 써야겠다고 생각은 했었는데, 원래 목표는 등단이었다. 그런데 주위에 음악 칼럼을 쓰는 사람들이 있었다. 그 사람들을 보면서 '아, 저렇게도 글을 쓸 수 있구나'라는 생각이 들더라. 그러던 차에 만화 비평지에서 음악 칼럼 필자를 찾는다는 광고를 봤다. 다음날 글을 써서 보냈다.

음악을 모르는데 어떻게 음악 비평을 쓰나.

공부를 많이 했다. 모르는 게 티 나서 창피한 일이 생길까 봐. 그때 편의점 아르바이트를 하고 있었는데 한 달에 80~90만 원 정도 받았다. 월급 받고 가방 하나 챙겨서 종로 상가에 있는 음반 도매점에 갔다. 1996년부터 1999년까지 나온 국내 앨범을 모두 샀다. 거의 100장 정도 된다. 그걸 계속 들으면서 글을 썼다. 2000년부터는 웨이브라는 음악 비평 모임에 들어가서 공부하고, 웹진도 발행했다. 이게 나라는 사람을 말할 때 중요한 부분이다. 난 음악을 사랑하는 마음으로, '음악이 내 인생에서 가장 중요해'라는 마음으로 시작하지 않았다. 그래서 음악 평론가라는 말이 입에 안 붙는다. 한동안은 자격이 없다고 생각했다. 그래서 더 치열하게 노력했다.

어쩌다 보니 독립

독립하기 전에 네이버에서 일했었다.

글쓰기는 1999년부터 시작했고 직장 생활은 2002년부터 2008년까지다. 2000년대 초에는 네이버 뉴스 서비스팀에서 일했다. 사실 나는 컴퓨터와 하나도 안 친했던 사람이다. 그러다 보니 회사 다니면서도 내적으로 방황했다. '나는 여기서 뭐 하고 있지'란 생각이 많이 들었다. 정확히 뭘 하고 싶은지도 헷갈리더라. 회사 밖에서 사람들이 무슨 일을 하느냐고 물으면 음악에 대한 글을 쓴다고만 했다.

결국 2년 만에 네이버를 그만뒀다.

아침에 눈 떴으니까 회사는 가야 하고, 의뢰가 들어오니까 주말에는 글을 쓰다가 회사를 그만뒀다. 1년 정도 방황하다가 라디오 작가도 하고, 2006년에는 《씨네21》이 만든 《매거진 T》에서 기자로 일했다. 2009년부터 프리랜서로 일했다. 2015년부터 2018년까지 메이크어스와 스페이스오디티 같은 스타트업에서 일했다. 2020년부터 다시 독립적으로 일하기로 했다.

왜 독립적으로 일하기로 했나.

의도한 건 아니었다. '어쩌다 보니 독립'이라는 표현이 맞을 것 같다. 일단 기자를 그만둔 이유는 업을 바꾸고 싶었기 때문이다. 기자란 다른 사람의 이야기를 전달하는 사람, 어떤 일이 벌어진 다음에 그것에 대해 말하는 사람이지 않나. 나는 그것보다는 일단 뭔가를 시작하는 사람이 되고 싶었다. 그래서 다시 콘텐츠나 서비스 기획 분야로 이직하고 싶었는데 잘 안 됐다.

<u>어떤 부분이 어려웠나.</u>

일반적으로 이직을 할 때 회사 다니면서 다른 회사를 알아보고, 자연스럽게 넘어간다. 나는 그게 아니었다. 회사를 그만두고 다른 회사를 알아봤다. 그 과정을 반복하면서 내 커리어를 충분히 설명할 수 없겠다는 생각이 들었다. 예를 들면 '네이버에 있다가 왜《씨네21》로 갔어요?'라는 질문에 답을 할 수 있어야 할 텐데, 난 거창한 이유가 없었다. 그냥 글 쓰고 싶었다. 그렇게 얘기할 수는 없으니 고민했다. 그런데 쉬는 중에 원고 청탁이 정말 많이 들어오더라. 회사에 다닐 때는 소속된 몸이라 원고를 많이 쓸 수 없었는데, 그만뒀다는 이야기가 도니까 일주일에 몇 개씩 청탁이 왔다. 그래서 계속 글을 썼다.

<u>소속이 없다는 것이 불안하지는 않았나.</u>

혼자 일을 하면서도 미래를 어떻게 대비해야 할지 고민을 많이 했다. 그때 누가 얼마 버냐고 묻더라. 그래서 월급만큼 번다고 했더니, 그럼 계속 이렇게 글 쓰면 되는 거 아니냐고 했다. 그래서 입사 준비를 그만뒀다. 매일 인크루트, 사람인 들어가서 직장 알아보던 일을 딱 멈췄다. 그전에는 글 쓰는 일을

아르바이트처럼 생각했다면, 혼자 일하기로 마음먹은 뒤에는 본격적으로 시간이나 일정을 관리하기 시작했다.

> 다시 조직에 들어갈 생각이 있나. 아니면 계속 혼자 일할 건가.

사실 하나를 선택하는 건 답이 아닌 것 같다. 가장 좋은 건 내가 내 상태를 선택할 수 있는 게 아닐까. 회사에 다니다가 때가 되었다 싶으면 혼자 일하고. 혼자 일하다가 또 다른 일을 경험하고 싶으면 다시 회사에서 일하거나, 아예 회사를 만들 수도 있고. 이렇게 결국에는 개인이 주도적으로 일하는 시대가 올 것 같다. 그러려면 내가 나를 회사로 생각해야 한다. 나 자신이 하나의 스타트업인 거다. 내가 어떤 역량을 가지고 있고, 그 역량을 어떻게 확장할 건지 따져 보고 방법을 짜야 한다.

시도했다면 마침표를 찍어라

> 다양한 일 중에 이것 하나만큼은 자신 있다고 생각하는 분야가 무엇인가.

분석하는 글을 쓰는 능력이다. 분석의 대상은 콘텐츠일 수도 있고, 음악이나 영화, 사람, 비즈니스 구조 등 다양할 수 있다. 여기다 상상력을 보태서 조금씩 다르게 생각하려고 한다. 그 능력이 핵심인 것 같다.

글쓰기에 소질이 있다는 건 언제 알았나.

되게 어릴 때부터다. 초등학생 때 사고 쳐서 반성문을 쓴 적이 있다. 아버지와 선생님에게 제출했는데, 두 분 다 칭찬해 주시더라. 앞으로는 정신을 똑바로 차리라고 지적하시면서도, 마지막 말이 "그런데 반성문 잘 썼다"였다. 그때 내가 글을 잘 쓴다는 걸 깨달았다.

칭찬이 인생의 방향성을 잡아 준 셈이다.

우리가 흔히 말하는 창의성이라는 거 있지 않나. 창의적인 사고가 나오기까지 크게 3단계를 거치지 않을까 싶다. 1단계가 칭찬이다. 내 재능을 내가 아닌 남이 알아봐 주고, 누가 칭찬했을 때 잘하는 걸 깨닫게 된다. 두 번째는 재능을 자원으로 활용하는 단계다. 이걸 자원으로 삼아서 학원도 가고, 학교에서 공부하고, 취미 활동도 하고. 예를 들어 너는 노래를 잘하고, 우리는 악기를 잘 다루니까 셋이 모여서 밴드를 해보자는 식으로 진행되기도 한다. 돈을 버는 것도 포함된다.

그다음 마지막 단계가 중요하다. 자원을 자기 자산으로 만드는 단계다. 예를 들면 책이나 음악을 만들었을 때 그 저작권이 남는 식이다. 우리는 모두 세 단계를 거친다. 다만 누군가는 칭찬받는 데서 끝낼 수 있고, 누군가는 자원을 계속 소모하는 과정에서 단계를 끝낼 수도 있고, 누군가는 자산을 계속 늘리는 단계에 있을 수도 있다.

몇 단계에 있다고 생각하나.

나는 일단 2단계에 있지 않을까 한다.

왜 3단계가 아닌가.

3단계라 하기에는 내가 지금 일을 너무 많이 한다. 3단계라면 이것보다 훨씬 더 적게 일해야 한다. (웃음)

결국 글쓰기 능력을 갈고 닦아 여기까지 왔다. 핵심 역량을 만들기 위해서는 어떤 훈련을 하면 좋을까.

마침표를 찍는 게 중요하다. 일단 내가 뭘 잘하는지, 그리고 어떻게 나를 설명할 건지 찾아야 한다. 그러려면 계속 다양한 일들을 시도해야 하는데. 한번 하고 마는 게 아니라 마침표를 찍는 게 중요하다. 만약 독립 출판을 한다고 하면 책을 만드는 것부터 포장, 판매까지 모든 프로세스를 완수하는 거다. 내가 생각하는 프로젝트의 마침표가 어디까지인가를 생각하고 달려가 보는 거다. 나는 작은 성공을 쌓아 가는 게 중요하다고 생각한다. 어떤 사람들은 성공과 성과, 결과를 다 분리해서 생각한다. 결과물에 해당할 뿐, 성공은 아니라고 보는 거다. 하지만 결과물의 크기는 상관없다. 예를 들면 어떤 글을 올렸을 때 100명이 '좋아요' 버튼을 눌러야 성공했다고 생각할 수 있다. 하지만 나는 그런 기준이 없다. 그냥 글을 올리면, 그 자체로 마침표를 찍었고 성공했다고 생각한다. 일기를 쓰면서 새로 산 노트를 마지막 장까지 쓰는 것도 나에겐 작은 성공이다.

칼럼 쓰는 일을 즐기고 있나.

매우 좋아한다. 내 일이 '보고 듣고 쓰는' 일이라고 했을 때, 그중 내가 가장 좋아하는 일은 쓰는 것이다. 너무 괴롭고 무서울 때도 있지만 나한테는 글쓰기가 가장 중요하다. 새로운 기획을 한다거나 강의를 할 때도, 결국에는 다 쓰기에서 출발한다. 좋아하기 때문에 더 잘하고 싶고 좋아하기 때문에 도망가고 싶은 마음이 생긴다.

좋아하는 일과 잘하는 일을 구분해야 한다고 생각하나.

나는 분리가 안 된다. 좋아하는 것, 잘하는 것이 붙어 있어야 더 좋아하고, 더 잘하게 되는 것 같다. 나에게는 좋아하는 일과 잘하는 일이 마치 신경 세포처럼 디테일하게 섞여 있다. 한때는 억지로 구분하려고 해서 힘들었다. 둘 다 따로 챙기려고 했었는데 너무 어렵더라. 안 된다는 걸 깨닫고 결국 구분하지 않기로 했다. 그러니까 마음이 편해졌다.

자존감과 사명

독립적으로 일하기 위해서 가장 중요한 일은 무엇일까.

자존감을 지키는 일이다. 이건 자존심과는 다르다. 주위를 둘러보면 자존감과 자신감을 많이 헷갈려 한다. 내가 말하는 자존감은 '코어'를 뜻한다. 나를 설명하고, 나를 형성하는 것이다. 자존감을 챙기려면 일을 할 때 자신만의 기준이 있어야 한다. 나는 글을 쓰는 사람이기 때문에 글을 쓸 때 내가 중요하게 생각하는 몇 가지 기준, 특히 윤리 기준이 있다. 그걸 지키면서 일을 해야 자존감을 챙길 수 있다.

어떤 기준인지 궁금하다.

평론가나 기자의 일이 홍보와 저널리즘 중간 어디쯤 있다고 본다. 그 경계에서 균형감을 놓치면 본의 아니게 직업적 자존감을 놓치는 경우가 생긴다고 봤다. 내가 좋아하는 음악에 관해서 쓰는 일과 기획사의 요청과 돈을 받아서 하는 일. 이 둘 사이의 내적 갈등을 어떻게 해결할 수 있는가에 대해 고민했다. 우선 나는 그 둘 사이에서 어느 한쪽으로, 특히 상품을 홍보하는 마케터가 되지 않는 게 중요하다고 생각했다.

직업적 자존감을 유지하기 위해 어떻게 해야 하나.

아티스트든 소속사든 기업이든, 취재 대상과 나의 거리를 유지해야 한다. 되도록 음악 관계자들을 사적으로 만나지 않으려고 애썼고, 지금도 그렇게 하고 있다. 예를 들어 아무리 좋아하는 아티스트를 만나도 함께 사진을 찍지 않는 식이다. 돌아서면 아쉽고 후회도 남지만 말이다. (웃음) 이렇게 사소하지만 확고한 원칙이 있어야 내 자존감을 지킬 수 있다.

자신만의 기준을 찾기 어려울 것 같다.

내가 누군지부터 알아야 한다. 그게 쉽지 않다. 내가 나를 정확하게 알기 위해서는 공부가 필요하다. 스타트업에서 일하던 때인 2015년부터 2018년 정도가 나에겐 너무 힘든 시간이었다. 집에 주저앉아서 매일 나는 누구인지에 대해 생각만 했다. 주변에서 요즘에 뭐하냐고, 회사 그만두면 어디로 옮길 거냐고 물을 때 나는 '요즘 나를 공부하고 있어'라고 말했다. 그 시간을 거치면서 내가 어떤 인생을 살고 싶은지 깨달았고, 나만의 기준을 세웠다. 아무리 좋은 회사라고 해도 나하고 맞지 않으면 겉돌 수밖에 없다. 자존감이 무너진 상태에서 독립적으로 일하다 보면 돈 주면 다 하거나, 별 기준 없이 움직이게 될 수 있다. 내가 지금 하는 일이 이 업계에 혹은 내가 좋아하는 사람들에게 어떤 영향을 주고, 장기적으로는 나한테 어떻게 돌아오게 될지 생각 못 하면 그렇게 된다.

사명도 중요하다는 건가.

맞다. 내가 왜 이 일을 하는지에 대한 거창한 목표가 필요하다. 그래야 돈이 없어도, 평가가 없어도 견딜 수 있다. 내 사명은 업계에서 고민하거나 정체성에 혼란을 겪는 사람들에게 도움을 주는 거다. 예를 들어 음악 비즈니스를 하려고 하는데 방향을 잡는 게 어려워서 나한테 연락하면 강의를 해줄 수 있다. 그렇게 도와주는 게 내 사명이다. 왜냐면 그 비즈니스가 잘 돼야 주변의 아티스트들도 새로운 무언가를 할 수 있고, 소비자들도 선택지가 늘어나니까. 그런 일을 반복하게 되면 사회에 어느 정도 도움을 줄 수 있다고 생각한다.

달라야 멋있다

어느 시장을 대상으로 일하고 있다고 생각하나. 음악 산업인가, 콘텐츠 산업인가.

되게 어려웠던 질문이다. 예전에 한참 책을 쓸 때 인터뷰이로서 많이 들었던 말이 '음악을 정말 좋아하시나 봐요. 그러니까 음악에 대한 글도 쓰시고 계속 관련된 일을 하시잖아요.'였다. 이 질문이 내 인생의 화두였다. 내가 일하는 게 음악계가 맞나. 나는 정말 음악을 사랑하나. 내 인생에서 음악이 정말 중요한가. 이런 생각 때문에 몇 년 동안 굉장히 괴로웠다. 그러다 깨달았다. 나는 음악이 아니라 글을 쓰는 걸 좋아하기 때문에 처음부터 이 일을 시작한 거다. 그러니까 나는 음악판에 속한다기보다는 저술이나, 저널리즘에 가깝겠다는 생각이 들었다. 정보성 콘텐츠를 만들거나 그걸 기반으로 작동하는 산업에서 일한다고 결론 내렸다.

돈을 버는 입장에선 시장의 지속 가능성을 생각할 수밖에 없다. 콘텐츠 산업이 지속 가능하다고 판단하나.

단순하게 글을 쓰는 일을 계속할 수 있으리라고는 생각했다. 그런 경험이 계속 쌓였으니까. 많이는 아니더라도 아예 못 번다는 생각은 안 하고 있다. 그런데 시장을 보고 일을 정하는 게 아니라 일단 내가 뭘 좋아할지부터 찾아야 한다는 생각이 들었다. '내가 하는 일을 계속할 수 있을까'의 판단 기준이 시장의 지속 가능성은 아니었던 것 같다. 그냥 글을 계속 쓰겠다는 생각이었다. '내가 좋아하는 글을 쓰면 이 정도의 돈을 주네. 갑자기 나한테 원고 써달라고 연락들이 오네.' 이런 걸 보면서 내가 이른바 메인스트림mainstream에서 먹힐 수 있다는 생각도 하게 된 것 같다.

차우진의 콘텐츠를 좋아하는 사람이 많다. 인디펜던트 워커로서 경쟁력을 갖춘 비결이 궁금하다.

갈수록 플랫폼이 중요하고, 콘텐츠가 중요해진다. 이제는 특히 개인의 힘이 중요하다. 파워 블로거나 유명한 인플루언서들도 개별적으로 돈을 많이 벌고 있다. 그걸 보면서 뭔가가 바뀌고 있다는 걸 깨달았다. 콘텐츠를 가지고 있는 사람들이 중요해진다는 거다. 핵심은 '멋진 애 옆에 멋진 애'가 되어야 한다는 거다. 그런 포지션을 지향해야 한다고 생각한다. 아무도 모르는 데가 아니라 이왕이면 좋은 회사랑 일하면 좋지 않을까. 그러면 그 회사들이 나에게 연락할 구실을 만들어야 한다.

어떻게 만들 수 있을까.

어릴 때를 생각해 보자. 나는 이런 비유를 좋아하는데, 학교 다닐 때 보면 쿨하고 멋있는 애들이 있다. 누구나 그 친구들하고 어울리고 싶어 한다. 그런데 끼고 싶다고 다 끼워 주나? 아니다. 어떤 애들은 그 무리에 끼려고 비슷하게 따라 하고, 비슷하게 말을 한다. 하지만 그런다고 끼워 주는 건 아니다. 그 친구들이 끼워 주는 애들은 자기들하고 다른 애들이다. 약간 다른데 '간지' 나는 애들이다. 쿨한 애들은 돈이 많고 화려하지 않아도 똑똑하고, 같은 영화를 봐도 다른 얘기를 하는 애들을 유심히 본다.

<u>어떤 '간지'인가.</u>

예를 들어 '레드벨벳 너무 좋다, 블랙핑크 짱'이라고 이야기하는데 갑자기 '나는 별로야'라고 말하는 친구들이 있다. 그런데 그냥 싫은 게 아니고 나름의 이유가 있어야 한다. '재수 없어' 이런 거 말고 '사람 같지 않아, 아티스트는 사람 같아야지.' 이런 거다. 이렇게 개성 있는 생각을 하는 애들이 있다. 거기서부터 자기 브랜딩, 자기만의 콘텐츠, 자기만의 관점이 나온다. '아, 이 사람이랑 같이 일해 보고 싶어'라는 생각을 만드는 경쟁력이 거기서 나온다.

　브랜딩이 중요한 게 아니라 어떤 성과를 만드느냐가 중요하다. 앞서 얘기했던 작은 성공들과 내 삶에서 마침표를 찍은 것들을 잘 알려야 한다. 그렇다고 성과를 100만 명한테 알려 줘야 하는 건 아니다. 열 명한테 알리더라도 그 열 명이 누구냐가 중요하다. 내가 멋진 애가 돼야 멋진 애들이 나한테 말을 건다.

<u>음악 칼럼을 쓰는 걸로 일을 시작해서 조금씩 영역을 넓혀 나가고 있다.</u>

의도한 게 아니라 일단은 먹고 살아야 하고, 돈 벌고 칭찬받고 싶으니까. 내가 잘 모르는 분야의 일도 그냥 다 받아서 한 거

다. 어디서 컨설팅을 해달라고 하면, 해본 적이 없고 그게 뭔지도 모르지만 '제가 어떻게 하면 될까요'라고 하면서 맞춰 갔다. 그렇게 확장하다 보니까 지금은 전략적으로 생각하게 된다. 스포티파이가 음악에서 오디오로 넓힌 것처럼 카테고리를 조금씩 확장할 필요가 있다. 대·중·소가 있다면 소에서 중, 중에서 대로 확장하는 게 필요한 것 같다.

인생에는 일보다 중요한 것이 있다

시간 관리를 어떻게 하나.

오랫동안 24시간 일하는 상태로 있었다. 너무 불안하니까 그렇게 일을 했다. 혼자 일하고 누구한테 맡길 수가 없으니까. 요새는 불안함을 누르는 훈련을 하고 있다. 규칙적으로 지내려고 한다. 새벽 1시에 자서 6시에 일어나면 오전에 한 가지를 끝내고 점심 이후에 좀 쉰다. 그리고 저녁에 다시 일하는 루틴이다. 오후에 쉬는 이유는 햇빛 보는 걸 좋아해서. 독립적으로 일하는 사람들은 자신한테 맞는 루틴을 찾는 게 중요하다. 독립적이라는 말은 결국 눈에 안 보이는 일을 다 내가 해야 한다는 뜻이다..재무적인 부분, 청소, 설거지 같은 것들도 혼자 해야 한다. 이런 부담은 있다.

오후에 쉴 때는 어떻게 에너지를 얻나.

쉬어야 할 때는 쓸데없는 걸 안 한다. 운전하거나 애니메이션을 보거나. 하지만 그때 더 많은 영감을 얻게 되는 것 같다. 나는 이걸 '집중하기 위해 산만해진다'고 표현한다. 어떻게 보면 그게 다 일하는 시간이기도 하다. 하지만 일한다는 인식을 하지 않는 게 중요하다. 메모장은 늘 옆에 두고.

피드백을 주는 동료가 필요할 때는 어떻게 하나.

보통은 내가 먼저 연락한다. SNS 메시지를 보내면서 나는 글을 쓰는 사람이고, 당신이 요즘에 하는 것들이 너무 궁금하고 재밌어 보여서 만나고 싶다고 한다. 반대로 나도 그런 연락을 받는다. 그럼 일단 만난다. 그다음에 관계를 지속해 나가는 기준은 내가 좋아할 수 있고, 존경할 수 있는 사람이냐다. 동료는 뭘 같이 하고 싶은 사람이지 않나. 배울 게 있는 사람이랑 같이하고 싶다. 아까 얘기했던 멋진 애 옆에 멋진 애가 되고 싶은 거. 그래서 일을 엄청나게 잘할 것 같다고 연락하는 게 아니라 저 사람은 나보다 진짜 훌륭한 사람이라는 판단이 나오면 계속 그 사람하고 만나게 된다. 특히 그 사람이 쌓아 온 커리어나 결과물로 판단하지 않고 직접 만나는 게 중요하다.

겉으로 드러나는 커리어보다는 그 사람의 관심사나 취미를 보고, 같이 할 수 있는 걸 찾는 편이다.

혼자 일하면 내 판단이 맞는지 확신이 안 설 때가 많을 것 같다.

그 판단을 하기 위해 우선 내가 맨 처음에 했던 생각이 뭔지를 돌아본다. 그래서 애초에 왜 이 프로젝트를 시작했는지 적어 두는 게 중요하다. 힘들 때마다 계속 꺼내 보고, 그 기준에 맞나 안 맞나를 체크한다. 그리고 내가 아끼고, 좋아하고, 존경하는 사람들한테 의견을 구한다.

스스로의 일을 객관적으로 바라보는 게 쉬운 일은 아니다.

제일 중요한 건 사실은 이 일이 내 인생에서 가장 중요한 건 아니라고 생각하는 거다. 나는 일을 언제든지 포기하고 그만둘 수 있다고 생각한다. 인생엔 다른 중요한 것들도 많으니까. 그것보다 일이 훨씬 더 중요하다고 생각해서는 안 된다. 언제든 다르게 살 수 있다고 생각해야 한다. 그래야 일에 모든 걸 걸지 않게 된다. 이 일이 나에게 너무 중요하면 그때부터 '내가 틀리면 어떡하지, 이 일 못 그만두는데 어떡하지'하고 걱정하게 된다. 물론 그렇다고 가볍게, 대충 살자는 건 아니다. 자기 성찰에 관한 이야기다. 성찰할 여지를 남겨 둬야 한다. 그래야 내가 가는 방향이 맞는지 아닌지 객관적으로 볼 수 있다.

개인 브랜딩을 어떻게 하는지 궁금하다.

나는 브랜딩이라는 말이 뭔지도 몰랐다. 개인 브랜딩이 잘돼 있는 사람들은 실제로 브랜딩을 위해서 뭘 안 한 사람들인 것 같다. 대체로 브랜딩을 위해서 뭔가를 하려는 사람들은 브랜딩을 못 한다. 브랜딩이라는 말에 휘둘리면 안 되는 것 같다. 중요한 건 결과다. 시작부터 브랜딩을 목표로 잡으면 진짜 원하는 것을 못 얻고 정반대의 결과를 얻게 되는 것 같다. 모임 갈 때마다 신경 쓰던 친구들은 이 판에 한 명도 안 남아 있다. 내가 이 바닥에서 20년 넘게 일을 했는데 말이다. 보면 별 생각이나 야심 없이 일하는 친구들이 각 분야에서 정말 잘하고 있다. 핵심은 본질에 있다. 내가 누구고, 이 일을 왜 하는가에 대해 고민하는 사람들. 그리고 거기에 대해서 계속 답을 내리는 사람들이 있지 않나. 25살, 35살, 45살에 나오는 답이 있다. 그 질문을 계속하고 답하는 사람들은 자기 브랜딩이 돼 있는 것 같다. 그래서 왜라고 묻는 걸 멈추지 않아야 한다. 이게 브랜딩의 답이 아닐까.

고지현, 박영훈은 회원제 사교 클럽 취향관의 공동 대표이자 디지털 영상 기반 콘텐츠 회사 더키트의 공동 설립자다. 청와대 인턴십을 하며 처음 인연을 맺은 이후 고 대표는 CJ ENM, 박 대표는 대통령실 홍보기획비서관실 등을 거쳤고, 2017년 공동 창업해 독립했다.

'어떤 일을 해야 행복할 수 있을까?', '앞으로 어떤 삶을 살아야 하나?' 어쩌면 우리 모두가 삶의 마지막 날까지 안고 갈 질문에 고지현, 박영훈 대표가 제시하는 답변은 간단하다. 자신을 더 탐구하라. 더 나은 삶을 고민하는 다른 사람들과의 대화를 통해, 또 세상의 문제를 해결하고자 만들어진 다양한 콘텐츠를 통해.

6 고지현, 박영훈 ; 우리가 일하는
이유는 더 명확해야 한다

오늘은 제작자, 내일은 마담

자신을 어떻게 소개하나?

고지현 하는 일의 스펙트럼이 넓다 보니 상대가 누구냐에 따라 그때그때 소개가 달라지는 것 같다. 큰 틀에서는 경계를 넘나드는 콘텐츠로 세상의 문제를 해결하는 사람이라고 스스로를 정의한다.

박영훈 마찬가지다. 영상 콘텐츠 기획자, 취향관의 마담 등 여러 캐릭터로 살고 있다. 형태를 가리지 않는 다양한 콘텐츠를 기획 및 사업화하고, 이에 공감하는 사람들이 서로 만날 수 있도록 커뮤니티를 설계, 운영하고 있다.

두 사람은 어떻게 처음 인연을 맺었나?

고, 박 2011년 청와대에서 인턴십을 같이 했다. 그때부터 앞으로 어떤 모습으로 살고 싶은지 많은 이야기를 나누며 유대감을 쌓았다. 언젠가 우리 둘이 뭔가 함께 해보자는 내적 동기가 있었고 주변의 기대도 높았는데, 실제 결과물이 만들어지기까지 6년이라는 시간이 걸렸다.

<u>지금 하는 일을 구체적으로 소개해 달라.</u>

고 취향관, 더키트라는 두 개의 사업자를 통해 디지털과 아날로그, 온라인과 오프라인, 한국과 한국 밖을 연결하는 콘텐츠를 만든다. 우선, 취향관은 문화 살롱이자 회원제 사교 클럽이다. 오프라인 공간에서의 경험 역시 훌륭한 콘텐츠라는 관점에서 만남의 순간을 기획해 멤버들에게 제공한다. 더키트는 유튜브 기반 영상 콘텐츠를 기획, 제작하는 곳이다. 현재 〈영국남자〉, 〈헨리 More 헨리〉 등의 콘텐츠 IP를 개발하고 프로듀싱하고 있다. 결국, 우리의 주된 일은 콘텐츠를 통해 강력한 커뮤니티를 만들고, 이를 사업화하는 것이다.

<u>오프라인 경험도 콘텐츠의 일환이라는 시각이 새롭다.</u>

박 취향관은 단순히 여러 사람과 만나 대화를 나누는 공간에 머무르지 않는다. 취향이라는 공통의 관심사로 모인 타인과 연결되는 과정에서 전에는 몰랐던 새로운 자신의 모습을 찾아가게 된다. 그리고 나와는 다른 다양한 존재들을 마주하고 이해함으로써 이 시대에 필요한 건강한 공동체를 경험할 수 있다. 취향관의 문을 열고 공간에 들어오는 순간 비일상적인 콘텐츠 경험이 공감각적으로 시작된다.

취향관은 물리적인 공간을 기반으로 한다. 코로나19의
영향은 없었나?

박 취향관에서 가장 중요한 건 멤버라는 이름으로 모인 합의
된 커뮤니티, 그리고 그들 간의 대화와 영감의 교류다. 이 핵
심 경험을 어떻게 이어 나갈 수 있을까 생각하다가 대안으로
일부 콘텐츠 및 프로그램의 온라인 전환을 시도했었다. 그런
데 취향관 멤버가 되기로 한 분들은 오프라인에서 발생하는
시너지에 더 관심이 많다 보니, 확실히 이전만큼 폭발력 있는
경험의 총합을 전달하기 어렵다고 판단했다. 지난 12월 말에
시즌 10까지 운영을 마치고, 현재는 어떤 형태의 경험을 제안
해야 멤버들이 더 즐거울 수 있을지 고민하고 있다.

회사에서 발견한 진짜 나의 일

독립 전에는 각자 어떤 일을 했는지 궁금하다.

고 청와대 인턴십이 끝난 후 CJ ENM에 입사했다. 대단한 지원
동기나 목표를 갖고 입사한 동기, 선후배를 보면서 초반에는
이 일이 잘 맞을까 걱정도 했다. 그런데 입사 첫해 회사가 신규
사업으로 시작한 MCN 사업에 합류하고, 초기 멤버로서 사내

스타트업 수준의 자율성과 권한을 보장받으면서 회사 생활이 180도 달라졌다. 일 자체가 매력적이기도 했지만, 독립성에 대한 욕구를 해소할 수 있었다. 그런데 3명이 시작했던 팀이 80명 규모로 확대되면서 조직은 자연스럽게 시스템화됐고, 그 과정에서 업무도 분절됐다. 일에 대한 만족도가 낮아질 수밖에 없었다. 그래서 독립적으로 일할 수 있는 영역을 보장받는 조건으로 종합 MCN 그룹 트레저헌터로 옮겨 일하게 됐다.

박 인턴십 기간이 끝날 무렵 고민이 많았다. 내가 어떤 일을 좋아하고, 잘할 수 있는지 확신과 경험이 적어 졸업 후에 어떤 회사에 가야 하나 쉽게 결정하기 어려웠다. 연봉이나 복지는 기준이 되지 못했다. 그러던 중 인턴십 종료 후에도 계속 같이 일해 보면 어떻겠냐는 제안을 받아 별정직 공무원 신분으로 홍보수석실 PI President Identity 팀에 합류했다. 5년가량 일하며 자긍심을 느끼는 순간도 많았는데, 좀 더 새롭고 변화가 빠른 영역에서 일해 보고 싶다고 생각하게 됐다. 마침 트레저헌터로 이직한 지 얼마 되지 않았던 고 대표가 함께 일해 보자고 제안해 줘 합류하게 됐다.

회사 경험을 통해 배운 것은 무엇인가?

고 CJ ENM의 MCN 사업 초기 구성원으로 일하면서, 또 독립성을 갖고 트레저헌터에서 일하면서 최고 의사 결정권자의 고민과 의사 결정 과정을 가까이서 볼 수 있었다. 시간이 흘러 조직의 사업 방향이나 목적이 조금씩 달라지기도 했는데, 그 과정을 지켜보면서 '나라면 이렇게 결정할 텐데', '이런 가치는 포기하지 않겠어' 하는 것들이 조금씩 생겼다. 당시 회사 결정이 잘못됐다거나 동의하지 않았다는 차원이 아니라, 사업의 주체로서 결정을 내릴 때 필요한 나만의 기준을 좀 더 명확히 세우는 데 도움이 됐다는 의미다.

나를 여러 가지 다양한 상황과 환경, 그리고 타인 앞에 노출하면서 일을 대하는 자아를 명확히 알 수 있었다. 이해관계가 충돌하는 동료와의 갈등 상황에서 나는 어떻게 대처하나, 나는 어떤 환경에서 일하기를 선호하나, 상대적으로 나의 강점과 약점은 무엇인가 등을 회사 생활을 하는 동안 더 잘 파악할 수 있었던 것 같다.

박 개인적으로 오지랖이 넓은 편이다. (웃음) 회사에 있을 때 타 부서 일에도 관심이 많았는데, 그러다 보니 내 시간이나 자원을 소모하지 않고도 상당 부분을 간접적으로 학습할 수 있었다. '저 팀은 왜 저 일을 하는 거지?'. '왜 저기에 예산을 쓸까?' 등을 알기 위해 관찰하다 보니 내가 직접 부딪혀 경험하지 않고도 성공이나 실패의 요인을 배울 수 있었다. 당장 나와는 상관없어 보였던 일들이 이후 내 업무를 하는 과정에서 도움이 된 경우도 많다.

회사에서 답답했던 건 내가 할 일은 기능적으로 고정돼 있다는 것이었다. 물론 회사 차원에서는 각각의 직원이 특정 업무의 전문가가 되도록 일을 배분하는 게 효율적이다. 하지만 마치 어떤 퍼즐을 오차 없이 잘 맞추는 데만 탁월하게 교육되는 것 같아 아쉬울 때가 많았다. 이 일을 해야 하는 명확한 이유가 있어야 움직여지는 나로서는 큰 그림에 대해 아무도 얘기해 주지 않는 상황에서는 동기 부여가 되지 않는다.

<u>두 사람이 마지막 직장을 그만두고 함께 창업하게 된 가장 큰 이유는 뭔가?</u>

박 중요하다고 생각하는 의미와 가치만 제대로 전달할 수 있다면 상황에 따라 장르 구분 없이 방법을 달리해야 한다는 게 우리 두 사람의 생각이다. 그런데 회사 특성상 디지털에 최적화된 콘텐츠만 기획하고 만들어야 했다. 디지털 외의 다른 것은 배제한 듯한 방식에 우리가 이야기를 펼칠 수 있는 판이 너

무 제한적이라는 생각이 들었다. 그래서 회사를 벗어나 우리가 하고 싶은 콘텐츠를 만들어 보자고 본격적으로 논의하게 됐다.

처음부터 취향관과 더키트를 구상하고 독립한 건가?

고 그건 아니다. 같은 날 퇴사를 하는 시점까지 어떤 아이템으로 무슨 일을 해보자고 결정한 건 아무것도 없었다. 팬시한 창업 아이템이 아니라 누구와 왜 독립해야 하는지가 먼저였다. 유일하게 확정된 건 우리 두 사람이 무언가 함께 하겠다는 것뿐이었다. 퇴사 후 정식으로 사업자를 내기까지 서너 달가량은 우리의 내면을 좀 더 깊숙이 들여다보는 시간이었다. 그동안에도 일과 삶에 대해 다양한 이야기를 나눴지만 앞으로 어떤 가치를 추구하며 일을 하고 싶은지, 일을 통해 우리가 이루고 싶은 바는 뭔지, 삶에서 일이 어느 정도의 비중이기를 원하는지 등등 좀 더 본질적인 차원의 문제들에 접근했다. 두 사람의 삶과 철학을 중심으로 일을 통해 실현하고 지속하려는 게 무엇인지 구체화해 나갔다.

그래서 내린 결론은 무엇인가?

고 콘텐츠가 세상을 즐겁게 하는 데 주로 쓰이지만 그런 것들은 이미 너무 많다. 콘텐츠는 오롯이 사람에 의해 만들어진다. 콘텐츠의 생명력이 점점 더 짧아지는 시대에, 좋은 콘텐츠가 휘발되지 않는 이유를 근간에 두고 싶었다. 그래서 콘텐츠를 통해 세상의 문제를 즐겁게 해결하자는 결론을 내렸다. 그리고 우리 시대의 문제이자 두 사람의 삶에 밀접한 관심사로 '공동체'라는 키워드를 발견했다. 취향이 중요해지면서 되려 사회가 단절되는 모습을 보인다. 절대다수가 따르는 무언가를 취하냐 아니냐로 사람들이 분리되는 현상을 해소하기 위해 사람 사이의 연결, 공동체의 회복이 필요한 시점이라고 생각했다. '좋은 콘텐츠는 강력한 커뮤니티를 만든다Strong community comes from great content'라는 슬로건을 기치로, 커뮤니티를 구축할 수 있을 정도로 의미와 가치가 있는 콘텐츠를 만들자고 다짐했다.

우리가 함께 일한다는 건

두 사람이 같이 일하는 만큼 나름의 규칙이 필요할 것 같다.

고 두 가지 규칙이 있다. 서로에게 언제든 피할 수 있는 은신처가 되는 것과 동기화다. 무엇보다 자기가 하기 싫은 것에 대해서는 명확하게 얘기하기로 했다. 암묵적인 룰 같은 거다. 정말 하기 싫은 일이 생겼을 때는 그나마 덜 싫어하는 사람이 맡아 하는 식이다. 사소하게는 채용 공고 올리는 일에서부터 커뮤니티 운영 전략이나 기획 같은 큰일까지 똑같이 적용된다. 독립해서 지금까지 같이 일하는 동안 꽤 좋은 소통 방식이었다고 생각한다. 상대에게 일을 미룬다기보다 서로가 상대를 위해 귀찮거나 번거로운 일을 기꺼이 해주겠다는 용의를 보여 주는 방법이기 때문이다.

그럼 두 사람 다 하기 싫은 일이 생겼을 때는 어떻게 하나?

박 정도의 차이는 당연히 있지만, 그런 경우는 거의 없다. 고 대표가 일할 때 항상 중요시하는 게 방대한 커뮤니케이션 안에서 오는 동기화다. 두 사람이 똑같이 사고해야 할 필요는 없지만 지금 어떤 생각을 하고 있는지는 늘 공유가 되어야 한다는 의미다. 그러다 보니 수시로 대화를 한다. 처음에는 이렇게까지 이야기를 깊게, 많이 해야 하나 싶었는데, 그러지 않으면 발생하는 작은 틈이 나중에 더 큰 의견 차이를 초래할 수 있다고 느꼈다. 커뮤니케이션이 많다 보니 좋고 싫음도 더 세분되고, 그 과정에서 누가 어떤 일을 싫어하는지가 보인다. 특히 두 사람 모두 하기 싫은 일은 너무 선명하게 드러난다.

두 사람 각각의 전문성은 무엇인가?

박 나는 어떤 일이라도 빠르게 학습해 적용할 수 있다는 장점이 있다. 취향관을 운영하는 동안 만난 멤버들이 콘텐츠를 기획하는 데도 큰 영감이 됐다. 나와 다른 취향, 관점을 마주하면서 기획, 마케팅, 디자인 등의 경계를 나누기보다는 종합적으로 사고할 수 있는 시야를 갖게 된 것 같다.

고 취향관을 시작하면서 알게 된 나의 강점은 하고자 하는 일의 처음부터 끝을 머릿속에서 한 번에 그릴 수 있다는 것이다. 취향관을 접한 많은 사람이 이런 질문을 했다. '이름을 먼저 지었나요, 아니면 공간을 먼저 설계했나요?' 질문을 받을 때마다 어떻게 답변해야 하나 고민했다. 이 공간에 사람들이 왔을 때 어떤 경험을 하면 좋을지, 이름은 무엇이 어울릴지, 이 위치에는 무엇을 놓아야 할지 등등이 복잡한 사고 과정이나 순서 없이 바로 떠올랐기 때문이다. 누군가에게 콘텐츠 경험을 설계해 제공하는 지금의 일을 하는 데 있어 아주 큰 장점으로 작용한다.

함께 일을 하는 데 가장 중요한 우선순위는 무엇인가?

고 함께 일하는 나, 그리고 상대방의 행복과 만족감이 가장 중요하다. 그것이 회사를 벗어나 독립적으로 일하는 이유이기도 하다.

우선순위를 지키기 위해 어떤 노력을 하나?

박 일상에서 보이는 상대의 기분이나 상태가 지표다. 비즈니스 차원의 목표, 매출 현황 같은 요소에 기분이 좌우되기도 하지만 그보다는 일과 삶의 균형, 우리가 처음 지향했던 방향으로 잘 가고 있는지 등을 더 예민하게 보려고 한다. 취향관을 운영하면서 의외로 많은 사람이 나 아닌 타인이나 주변은 과하게 신경 쓰면서도, 정작 자신의 상태에는 민감하지 못하다고 생각하게 됐다. 내가 지금 하는 일이 즐거운지, 원래 하고 싶었던 것인지를 가장 잘 아는 방법은 지금의 내 감정을 깊이 들여다보는 것이다.

그럼 지금 하는 일이 제대로 된 방향으로 가고 있는지는 어떻게 평가하나?

박 독립한 이후에는 사업에 대해 보고할 상사가 사라졌다. 한 달에 한 번, 분기별로 한 번 식으로 자리를 만들기보다는 필요하다고 판단될 때마다 빠르게 얘기를 나누고, 잘못된 것은 즉시 수정하는 방식으로 일해 왔다. 그러다 보니 우리 자신을 평가하는 구체적이고 엄격한 절대 기준 같은 건 존재하지 않는다. 대신 두 사람이 끊임없이 자기 성찰의 시간을 많이 갖는다. '이거 우리가 원래 하려고 했던 것 맞아?' 하는 식의 근본을 찌르는 질문을 서로가 자주 던지고 있다.

어디까지 달려 어디에서 내리고 싶은가요

잘하는 일과 좋아하는 일 중 무엇을 택해야 할까?

고 선택하기 전에 잘하는 일이 무엇인지 알기가 어디 쉬운가. 어쩌면 잘하는 일이 무엇인지 알기 위해 무엇이든 시작해 보는 것이 출발점이 될 수 있다고 생각한다. 물론 좋아하는 것은 언제든 일이 될 수 있다. 지금 우리의 경우가 그렇다. 그런데 한편으로는 이것저것 재지 않고 온전히 좋아하기만 할 수 있는 영역을 남겨 두는 것이 그 이상으로 중요하다고 생각한다. 좋아하는 마음과 별개로, 일하다 보면 어쩔 수 없이 성과에 대한 압박이나 스트레스를 받을 수 있기 때문이다. 군이 일과 연결 짓지 않고, 즐기는 수준에서 머물러도 되는 영역이 있을 때 일과 삶의 건강한 균형이 이루어진다고 생각한다.

박 좋아하는 일은 취미로만 하고, 잘하는 것을 일로 가져가야
결과도 좋고 사람들로부터 인정받을 수 있다는 얘기를 종종
듣는다. 모르겠다. 사람마다 차이는 있겠지만, 나는 될 수 있
으면 오랫동안 일하고 싶다. 일은 삶에서 증명하고 싶은 가치
를 실현하는 수단이기 때문이다. 비중은 다를지라도 좋아하
는 것과 잘하는 것이 합쳐져 있어야 즐기면서 오래 할 수 있
을 것 같다.

<u>그러면 오래 일하기 위해 내린 결정이 독립인 건가?</u>

박 회사 생활을 하다 보면 누구나 '내가 언제까지 이 일을 할
수 있을까'를 고민하게 된다. 나에 대한 확신이나 자신감 부
족, 일에 대한 낮은 만족도 차원이 아니라, 세상이 너무 빠르
게 변하기 때문이다. 새로운 기술이 쏟아져 나오고, 똑똑하고
유능한 사람은 너무 많다. 그런 가운데 일의 속성도 달라진다.
대응하는 방법은 여러 가지가 있겠지만, 나와 고 대표는 기술
을 발전시키기 위해 노력하고 훈련하기보다 우리가 하고 싶
은 일과 그것을 통해 실현하고 싶은 가치에 더욱 집중하기로
했다. 그러다 보니 자연스럽게 독립으로 연결됐다.

취향관, 더키트의 팀원들과 일하는 방식도 궁금해진다.

박 우선 두 개의 사업자가 하는 일이 다르고, 만드는 콘텐츠의 결이 다르다 보니 팀별로 구성원들의 속성이 다르다. 하지만 기본적으로는 오랜 인터뷰 과정을 통해 본인이 바라보는 삶의 가치 혹은 일을 대하는 태도가 우리와 같은 사람들을 채용하려 한다. 이 단계가 되기까지 시행착오도 많았는데, 지금은 팀원들이 각자 맡은 분야의 책임자라는 생각으로 일하고 있다.

대표로서는 팀원의 역할을 명확히 나누고 그 안에서 자율성과 독립성을 최대한 보장하려 한다. 그래서인지 우리가 모든 업무에 관여해 마이크로 매니징micro managing하지 않아도 개별 팀원들이 주도적으로 업무를 수행하고 있다. 가장 중요한 건 우리가 지금 이 일을 왜 하고 있는지를 명확하게 그리고 꾸준하게 공유하는 것이다. 이것이 분명할 때 일을 잘하기 위한 더 나은 방안도 스스로 세울 수 있다. 때로는 대표의 경험보다 더 나은 방향으로 말이다.

고 사회 초년생 시절, 회사에 다니면서 어려웠던 점 중 하나가 나의 조직장들이 내게 무슨 일을 시켜야 할지 고민했다는 것이다. 좋은 의미에서 전략이나 마케팅, 기획이나 제작, 심지어 영업을 맡겨도 잘할 것 같은데, 그래서 어떤 일을 줘야 할지

난감하다는 피드백이었다. 대부분 회사가 개인에게 분절된 업무를 맡기려 하다 보니 나 역시 그 안에서 혼란스러웠다. 나의 역량이 제대로 쓰이지 못하는 것 같았기 때문이다.

시간이 흘러 창업을 하고 나서는 내가 다능인이라서 작은 팀과 독립적인 일을 하기에 적합하다는 것을 알게 됐다. 이때 넓은 시야로 일을 바라보는 게 꼭 필요한데, 여기엔 청와대 인턴십 경험이 큰 도움이 됐다. 서류 작업 하나를 하더라도 띄어쓰기나 줄 바꿈, 문장 위치 등 디테일에 대한 피드백뿐만 아니라, '이런 제안을 하게 된 배경을 얘기해 보라'는 식의 훈련을 받았다. 나무와 숲을 함께 볼 수 있게 된 것이다. 지금 함께하는 팀원들과도 완성도를 높이는 것은 물론 전체적인 맥락을 공유하는 것도 소홀히 하지 않으려고 한다. 줌 인, 줌 아웃을 자유롭게 할 수 있는 경험을 나누고 싶다.

일하는 이유와 동기를 명확하게 해야 한다는 말이 인상적이다.

박 취향관을 운영하며 많은 분을 만났는데, 특히 기억에 남는 한 분이 있다. 멤버십 가입 신청서에 '오늘 퇴사를 선언했어요'라는 문구를 쓰셨는데, 이야기를 듣고 보니 대학 병원 의사였다. 남을 살리다 자기가 죽겠다는 생각이 들었다고 했다.

마치 브레이크 없는 기차를 탄 것 같다는 비유를 했는데, 시간이 흘러 그 기차가 종착역에 멈춰 내렸을 때 어디인지 자기도 모를 것 같아 그만뒀다고 했다. 의사가 아무나 되는 것도 아니고, 지금껏 힘들게 공부한 거 아깝지 않냐는 주변의 만류도 소용이 없었다고.

그분은 언젠가 다시 의사를 할 것 같다고 했다. 하지만 적어도 내가 왜 의사를 하는지, 어떤 의사가 되고 싶은지, 앞으로 삶에서 일의 비중을 어떻게 둘 건지 생각한 후에 다시 그 기차에 오르겠다고 했다. 일하는 이유와 기준이 명확해야 가고 싶은 만큼 달리고, 내리고 싶을 때 내릴 수 있음을 다시 한번 확인한 순간이었다.

본질을 찾아서

사업자를 두 개 운영하는 만큼 정신없이 바쁠 것 같다. 평소에 시간 관리는 어떻게 하나?

박 나에게 일이란 살면서 증명하고 싶거나 지향하는 바와 맞닿아 있다. 그래서 업무와 개인적 시간을 명확히 구분하기 쉽지 않을 때가 있다. 자칫 잠자는 시간을 제외하면 전부 일을 하는 것처럼 보일 수도 있다. 그래서 온전히 일에서 벗어난 시간만큼은 확실하게 보장하겠다는 게 철칙이다. 다만 주 5일 근무를 하는 다른 사람들과 주기는 좀 다른 것 같다. 예를 들어 이번 주는 주말까지 계속 일하는 대신 다음 주에는 3일을 쉬고 시작한다든지, 두 달 정도 일을 쭉 한 다음 한 달가량 푹 쉰다든지 하는 방식이다.

고 업무일과 휴일을 구분하는 이른바 온·오프 스위치를 계속 해서 신경 쓰는 게 오히려 에너지 소모처럼 느껴질 때가 있 다. 완벽히 업무 스위치를 켜두는 시기, 꺼두는 시기 정도만 큰 구획으로 두는 방식이 우리한테는 잘 맞는 것 같아 그렇게 하고 있다.

일에서 벗어난 시간에는 주로 무엇을 하며 지내나?

박 온전한 쉼을 갖기 위해 노력한다. 나에게 쉼이란 다른 외부 의 자극이나 잡생각 없이 나에게만 몰입할 수 있는 시간인데, 주로 테니스를 치거나 반려견과 함께 오래 걷는다. 같은 행위 를 집중해서 반복하다 보면 잡념이 사라진다. 일종의 명상인 셈이다. 다시 일할 에너지를 채울 수 있다.

고 나에게 바로 행복감을 줄 수 있는 아주 구체적인 조합을 찾거나 만들고 있다. 개인적으로 운전을 좋아하는데 플레이리스트를 만들어 들으며 바다까지 드라이브한다든지, 아니면 위스키를 마시며 좋아하는 소설책을 읽는다든지. 어떤 방식으로든 일에서 벗어난 아주 구체적인 상황 안에서 충분히 내 감각에 집중하는 순간을 만들려 한다.

취향관은 지금 잠시 시즌이 중단됐는데, 어떤 준비를 하고 있나?

고 누군가 멤버가 됐을 때 한 시즌을 하든, 여러 시즌을 하든 이곳에서의 경험이 완전한 것이기를 바란다. 애매한 경험을 제공하면서 취향관을 유지하고 싶지는 않다. 그래서 지금 우리가 제공하는 콘텐츠와 공간이 최적의 조합인지 스스로 의심해 보고, 더 좋은 옵션은 뭐가 있을지 고민도 하고 있다. 특정 기간을 단위로 하는 회원제 방식을 계속 유지할 것인지까지도 논의 중이다. 취향관도 그동안 급행열차처럼 달려왔는데, 지금은 불완전한 형태의 11번째 시즌을 여는 것보다 최적의 경험을 고민하는 게 더욱 중요한 시점인 것 같다.

박 1년에 4개의 시즌을 운영하다 보니 취향관이 가는 길을 긴 호흡으로 돌아볼 새가 없었다. 그런 의미에서는 잠시 멈춰 선이 순간이 감사하게 느껴진다. 코로나 이후에 단순히 오프라인에서의 경험을 어떻게 온라인으로 옮길 것인지 고민하는 데서 멈추지 않고, 우리가 진짜 전하려고 했던 가치는 무엇인지, 사람들이 이곳에서 어떤 경험을 하기를 원하는지 본질을 점검하고 있다. 외부 의견을 취합해서 그중에 최선책을 찾는 게 아니라, 내부에서 더 고민해 최고의 결론을 얻는 것이 우리에게 더 적합한 방식이라 만족스러운 결과를 기대하고 있다.

앞으로의 목표는 무엇인가?

고 오랫동안 디지털 콘텐츠를 만들면서 전달하고 싶은 메시지가 특정 형태에 갇혀야 한다는 것이 아쉬운 적이 많았다. '이 콘텐츠가 온라인에서 끝나는 이유는 우리가 디지털이라는 산업 안에 스스로를 가두기 때문 아닌가?'라는 생각을 해왔다. 취향관을 운영하면서는 '공간이라는 물리적 한계를 뛰어넘어 대화와 연결의 경험을 어떻게 이어 갈 수 있을까?'라는 고민을 하게 됐다. 사람의 경험이란 건 굉장히 총체적이고 공감각적이다. 물론 이 둘은 태생적으로 성질이 다르다 보니 애매하게 연결하려 했을 때 자칫 경험의 질이 떨어질 수 있다. 하지만 우리는 궁극적으로 누군가에게 서로 다른 두 세계가 유기적으로 연결되는 경험을 제공할 수 있어야 한다고 본다.

우리가 하고자 하는 일의 출발점이 산업이 아니라 사람이기 때문이다. 콘텐츠를 통해 만나게 될 사람을 기준으로 온라인과 오프라인의 구분조차 필요 없는, 그저 하나의 콘텐츠로 분절 없이 감각하는 경험을 제공하고 싶다. 나아가 인간에 대한 이해, 그 본질에 닿을 수 있는 더 많을 것들을 계속해서 시도해 나가고 싶다.

박 독립해 일하면서 내가 일하는 이유와 그 목적이 더 명확해지는 느낌이다. 개인적으로는 우리 사회 구성원들이 각자 가지고 있는 고유함을 발견하고, 그 고유함을 존중하는 건강한 공동체를 계속해서 만들어 가고 싶다. 지금까지는 디지털 콘텐츠와 공간으로 그것을 제안해 왔지만, 형태와 방식은 언제든 달라질 수 있다고 생각한다. 콘텐츠의 형태는 수단일 뿐이다. 2011년 사내 메신저를 통해 고 대표에게 보냈던 메시지가 떠오른다. "내가 살고 간 세상이 나로 인해 조금 더 나아질 수 있는 일." 그 일을 꾸준히 하고 싶다.

박신후는 문구와 액세서리, 의류 등 다양한 제품을 다루는 브랜드 오롤리데이(oh, lolly day!) CEO이자 디자이너다. 다양한 리추얼 프로그램을 제공하는 자아 성장 큐레이션 플랫폼 밑미의 크리에이티브 디렉터이기도 하다.

박신후는 동시에 여러 개의 조직에서 디렉터 역할을 하는 게 가능하다고 말한다. 자신의 역할을 디자이너, CEO 같은 직무로 한정할 필요도 없다. 대신 비전을 강조한다. 내가 일과 삶에서 원하는 바를 끊임없이 질문해서 찾아내고, 그 방향으로 일과 삶을 꾸려 가야 한다는 의미다. 자신만의 비전을 실현하는 두 개의 회사에서 좋아하고 잘하는 일을 찾은 과정을 들었다.

7   박신후 ; 잘하는 일을 사랑하게 될 때

기업가의 조건

하고 있는 일을 소개해 달라.

오롤리데이라는 브랜드를 운영하고 있는 대표이자 디자이너
다. 자아 성장 큐레이션 플랫폼 밑미의 크리에이티브 디렉터
도 겸하고 있다. 직업이 많다. 빵집과 카페도 운영한 적이 있
는데, 지금은 운영권을 다른 분에게 넘기고 디렉터처럼 도와
드리고 있다.

오롤리데이를 창업한 지 얼마나 됐나? 어떻게 시작했
는지 궁금하다.

7년 전 처음 시작했다. 나와 남편이 만난 지 10년 정도 됐는
데, 당시 남자친구였던 남편이 사업을 하고 있었다. 전에 없던
아이디어 디자인 제품을 개발하고 판매하는 일이었다. 나는
작은 디자인 에이전시를 다니면서 디자인을 조금씩 도와주다
가 함께 사업을 시작했다. 2년 정도 운영했는데, 새로운 걸 연
구해 출시하면 금세 중국에서 디자인을 도용하는 일이 반복
되니 슬럼프에 빠지더라. 지속 가능성에 대한 의문이 생겼다.
지치지 않고 더 재미있게, 꾸준히 할 수 있는 일을 고민하다

기존 제품에 새로운 그래픽 디자인을 입히는 방향으로 가볍게 시작했다. 에코백을 만들어서 블로그에서 판 게 시작이었다. 다행히 반응이 좋았고, 2014년부터 오롤리데이라는 이름으로 브랜드를 시작했다. 내가 만들고 싶은 걸 만들다 보니, 제품 카테고리가 다양하다. 주로 문구 쪽 제품을 만들다 지금은 의류, 모바일 액세서리 등 다양한 분야로 확장했다.

창업 전엔 어떤 커리어를 거쳤나?

나는 대학교 때부터 프리랜서처럼 일을 받았다. 포트폴리오를 싸이월드 같은 데에 올리는 걸 망설이지 않았던 성격이다 보니, 사회에 나간 선배들로부터 일이 들어왔다. 그러다 시간, 돈, 체력 관리 같은 프리랜서의 한계를 느끼게 돼서 직장을 다니기 시작했다. 인원이 세 명 정도인 편집 디자인 에이전시였는데, 반복되는 일이 잘 안 맞더라. 창의력이 뭉개지는 느낌이 들어서 본격적으로 사업을 시작했다. 스물여섯 살에 사업을 시작해서 사실 그 전의 커리어랄 게 없다.

독립적으로 일해야겠다는 생각을 하게 된 이유가 있나?

내 장점은 크리에이티브함을 발산하고, 빠르고 추진력 있게 끝어간다는 거다. 학교 다닐 때부터 뭔가를 생각하고 결과물을 끄집어 내는 속도가 빨랐다. 그런데 회사의 속도가 나와 맞지 않았고, 능력을 발휘하지 못하고 있다는 생각을 했다. 남편 일을 도와줄수록 그 일과 관련된 아이디어만 생각나고, 회사에 집중도 되지 않더라. 그래서 회사를 그만두고 함께 사업을 시작했다.

보통 창업하면 그 일에만 집중하곤 한다. 다른 일을 병행하는 이유가 궁금하다. 힘들지 않나?

성격인 것 같다. 궁금한 게 생기고, 내가 할 수 있다는 생각이 들면 일단 해본다. 생각에서 머무르지 않는다. 그래서 '뻘짓'도 많이 했지만, 그 경험들이 다 자산이 됐다. 특히 작년 말에 큰 깨달음을 얻었다. 나는 사업을 시작하면서부터 오랫동안 '워라밸'이 무너진 상태로 일을 해왔다. 중간중간 내가 할 수 있는 범위를 넘어선 일을 벌였을 땐 번아웃도 왔다. 그런데 2020년에 나는 오롤리데이 일도 하고, 밑미 일도 하면서 어느 때보다 바빴는데 번아웃이 오지 않더라. 이유를 고민해 보니 그전에 워라밸이 망가져서, 쉬지 못해서 번아웃이 온 게 아니었다. 좋아하는 일에만 시간을 투자하고, 그걸 더 잘하게 되면서 얻는 기쁨이 크니까 스트레스를 받지 않더라. 2020년 얻은 가장 큰 수확은 하지 말아야 할 일, 진짜 좋아하는 일, 잘하는 일의 경계가 분명해졌다는 거다.

좋아하는 일과 잘하는 일이 구분된다고 생각하나?

구분은 되는데, 지난해엔 그게 일치해서 행복했다. 사실 좋아하는 일과 잘하는 일이 다를 수도 있다. 잘한다고 꼭 좋아하는 것도 아니고, 좋아한다고 꼭 잘하는 게 아니다. 지난해엔 내가 잘하는 일을 하는데, 그게 너무 좋고 사랑스러웠다.

어떤 일인가?

디렉터 역할이다. 오롤리데이를 만든 지 7년이 됐는데, 6년 동안은 계속 스스로 디자이너라고 생각하면서 회사를 꾸려왔다. 사실상 내가 대부분 디자인하기도 했고. 그런데 2019년 말에 눈을 뜨게 되는 순간이 있었다. 내가 리더로서 좋은 역할을 했는지 되돌아보니, 아니더라. 좋은 환경을 만들어 주려고 하긴 했지만, 성장에 대한 자극은 주지 못했다. 디자이너로서 결과물을 뽑아내야 한다는 생각 때문에 다른 걸 자주 놓쳤던 것 같다. 적절한 마케팅 시기를 놓친다거나, 인스타그램 게시물에 정성을 덜 들인다거나. 물류도 담당 직원에게 맡기기만 하고 리더로서 더 좋은 방향을 제시해 주지 않았다.

2020년부터는 한 발짝 뒤에서 큰 그림을 보고, 디렉터 역할을 하기 시작했다. 그러니 전반적인 퀄리티가 높아지더라. 본격적으로 디렉터 역할을 시작해 보니, 오히려 내가 디자인보다 디렉팅에 소질이 있다는 걸 깨달았다. 직원들에게도 내가 기분 나쁘지 않게 양질의 피드백을 주고, 개선책을 제안해 줘서 디벨롭develop이 잘된다는 얘길 들었다. 회사의 성과 지표도 좋아졌고, 디자인의 퀄리티도 높아졌다. 직원들이 성장하는 모습도 눈에 보였다.

놓치고 있었던 걸 깨달은 계기는 뭐였나?

2018년에서 2019년으로 넘어갈 때 매출 성장이 컸고, 법인으로 전환하면서 직원을 더 뽑았다. 나는 조직을 제대로 경험해 본 적이 없었기 때문에, 단순히 직원들에게 잘해 주면 좋은 회사라고 생각했다. 금요일에는 2시에 퇴근, 평일엔 꼭 '칼퇴'하는 걸 지켜 주려고 했고, 최대한 친절하게 대했다. 그러다 2019년 말 디자인 페스티벌에 참가했는데, '대박'이 났다. 3일 동안 손님이 엄청나게 몰려들어서 현장에서는 정신없이 응대하고, 사무실에선 밤늦게까지 포장을 해야 했다. 그러다 보니 서로 너무 예민해지고, 다들 화가 잔뜩 나 있었다. 처음엔 서운했다. '그동안 얼마나 잘해 줬는데, 어떻게 1년에 한 번 있는 행사에서 이렇게 피곤한 티를 낼 수 있지' 하는 생각이었다. 3일 동안 3000만 원을 벌었는데, 아무것도 얻은 게 없는 거 같더라. 서운한 마음에 '이렇게 힘들 거면 다음부터 나가지 말자'고 생각했다가, 그게 경영자로서 적절한 결론인지 의문이 들기 시작했다. 사실 우리 직원들은 성실하고 태도가 좋은 사람들인데, 왜 이런 결과가 나왔는지 거슬러 올라가 보니 한 번도 이걸 왜 해야 하는지, 우리의 목표가 뭔지 설명한 적이 없었다. 직원들은 멱살 잡혀 끌려간 셈이니 지칠 수밖에 없는 거였다. 그때부터 교보문고로 달려가서 리더십에 관련된 책을 사보고, 공부하기 시작했다. 2019년 송년회를 하면서 직원들에게 사과하고, 2020년엔 새로 태어나겠다고 선언했다. (웃음) 그때부터 OKR(Objective Key Result)을 도입하고, 제대로 된 회의도 시작했다. 그러면서 팀도 성장하고, 내 마인드도 완전히 바뀌었다. 그전엔 자영업자에 가까웠다면, 성장을 추구하는 기업가가 된 거다.

실패하면 뭐 어때

밑미에서도 디렉터 역할을 한다. 회사 밖에서도 디렉팅을 할 수 있나?

할 수 있다. 밑미는 오롤리데이가 가장 바쁜 시기에 시작한 사업이다. 주변에서 많이 만류했다. 하지만 하고 싶은 일이어서 시작했고, 지금은 두 가지가 시너지를 낸다. 나는 누군가를 행복하게 해주는 것에서 큰 기쁨을 느낀다. 힘들어하는 친구에게 상담을 해준 다음 친구 상황이 나아지는 걸 보면 행복해하곤 한다. 오롤리데이도 누군가를 행복하게 만드는 제품을 만든다는 미션이 있지만, 밑미는 더 본질적이다. 사람들이 자신을 찾도록 돕는 서비스다. 나는 자아 성찰도 많이 하고, 문제가 있으면 상담을 받는 것도 망설이지 않는 편이다. 그런데 대부분의 사람들은 문제가 뭔지, 왜 우울한지 깊게 생각할 시간을 갖지 못하는 게 늘 안타까웠다. 밑미는 상담의 문턱을 낮추고, 나를 알아가는 과정을 쉽게 만드는 일을 한다. 나에게 밑미를 함께 하자고 제안한 손하빈 대표에게 이런 이야기를 들었을 때부터 눈이 반짝였다. 그런 일에 내 능력으로 기여할 수 있는 게 가슴이 뛰었고, 잘할 수 있겠다는 생각과 사명감까지 들었다. 지금은 두 가지 일이 시너지를 내고 있다. 오롤리데이도 작은 습관이 삶을 크게 바꿀 수 있다고 생각해서 오래전부터 습관 관련 제품들을 연구하고 만들어 왔다. 해빗habit 카테고리가 따로 있을 정도다. 오롤리데이에서 경험한 걸 밑미 일에 쓰기도 하고, 밑미에서 얻는 인사이트를 오롤리데이에 적용하기도 한다.

두 개의 회사에서 일하고 있다. 각각 비중은 어느 정도 인가?

그때그때 다르다. 밑미 론칭 초반에는 완전히 밑미에 딥 다이 빙deep diving했다. 2020년 8월에 론칭했는데, 6월에서 10월까 지는 밑미에 집중했다. 오롤리데이에는 내가 없어도 운영되 는 시스템이 있어서 밑미에 많은 시간을 투자할 수 있었다. 지 금은 밑미도 어느 정도 틀이 만들어졌고 시간을 많이 뺏기지 않는 선에서 왔다 갔다 하면서 균형을 유지하고 있다. 시간 관 리가 어려워서 항상 신경을 쓴다.

어떻게 시간을 관리하나?

사람들이 많이 궁금해한다. 몸이 몇 개냐고. (웃음) 그런데 나 는 매일 일곱 시간씩 잔다. 대신 그 외 시간엔 거의 계속 일을 하고 있다. 10시에 출근해서 오후 6시, 7시까지는 오롤리데이 업무를 하고, 7시부터 11시, 12시까지는 밑미 일을 한다. 이 렇게 구분하는 게 도움이 되더라. 어쩔 수 없이 섞일 때도 있 지만, 어떤 게 중심인 시간인지 정해 두니 덜 혼란스럽다. 나 를 위한 시간도 매일 갖고 있다. 최대한 일을 11시까지 끝내 고, 그때부터 새벽 1시까지는 글을 쓰거나, 드로잉을 하거나,

책을 읽는다. 루틴이 생기니까 확실히 건강해지는 것 같다. 2020년 말까지만 해도 주말에도 매번 출근하고 새벽 한두 시에 퇴근했는데, 올해부터 그러지 말아야겠다고 다짐했다. 조금 일찍 퇴근하고, 주말에도 출근은 하지 않고 집에서 쉬엄쉬엄 일한다.

좋아하는 일, 내가 주체인 일을 하다 보면 일을 중단하고 스스로를 위한 시간을 갖기가 쉽지 않다.

나도 처음에는 반강제적으로 시작했다. 밑미에서 리추얼 메이커로 활동하면서다. 리추얼 메이커가 리추얼을 안 할 수는 없지 않나. (웃음) 그래서 하게 됐는데 생각보다 너무 좋았다. 내가 리드하지 않는 프로그램에도 참여한다. 일부러라도 하지 않으면 내가 자꾸 '뻘짓'을 하면서 시간을 보내더라. 좋아하지도 않는 웹툰을 초점 없이 본다거나, 인스타그램에서 '짤'을 본다거나. 의식적으로 나를 위한 시간을 만들었다. 대신 아무것도 안 하는 기간도 갖는다. 리추얼 프로그램이 끝나고 다음 리추얼을 모집하기까지 일주일 정도 시간이 생기는데, 그땐 그냥 넷플릭스 드라마를 본다. 완급 조절을 하는 거다. 몸이 좀 안 좋아질 것 같으면 푹 쉬는 것도 중요하다. 어떨 때 멈추고 쉬어야 하는지 이제는 좀 알 것 같다.

경험으로 체득한 건가?

그렇다. 경험만 한 게 없다는 생각이 든다. 실패도 많이 했지만, 더 큰 성공을 위한 과정이라고 생각한다. 경험하지 않아도 머릿속으로는 수천, 수만 번 시뮬레이션을 하게 되는데, 그건 아무 의미가 없다. 사업도 7년을 하면 감이 올 것 같지만, 안 온다. 잘될 것 같았는데 안되는 게 있고, 전혀 생각지도 않은 게 터지기도 한다.

여러 가지를 빠르게 해보고 판단하는 식이다.

빨리 접는 것도 능력이다. 예전에는 한 분야에 몰입하는 장인이 존경받았지만, 이제는 시대가 바뀌었다. 재능과 능력이 많고, 빠르고 유연하게 실행하는 '다능인'이 인정받는다. 예전에는 '왜 하나에 집중하지 못할까' 고민했는데, 이제 빠르게 시도하고 포기도 하면서 장점을 발전시키자고 생각한다.

스스로의 다양한 능력을 발견하고, 잘 발전시키는 방법이 있다면.

나를 믿는 게 가장 중요하다. 나는 실패에 대한 두려움이 별로 없다. '실패하면 뭐 어때' 생각한다. 그건 나를 믿는 데서 온다. 실패해도 극복할 수 있다는 믿음 말이다. 다시 시작할 수 있는 긍정적인 마음도 중요하다. 지난해에 6년 동안 키운 브랜드 인스타그램 채널이 해킹당했다. 팔로워가 5만 명이었는데, 작은 브랜드 입장에선 마케팅 채널을 통째로 잃은 거나 마찬가지다. 처음엔 상심이 컸지만, 지금은 오히려 잘됐다고 생각한다. 새 계정도 팔로우해 주는 '찐팬'이 누구인지 알게 되었고, 무드도 더 오롤리데이답게 세팅할 수 있는 기회였다. 실패에서 다시 올라오는 힘이 중요하다.

비전은 개인에게도 필요하다

독립적으로 일하는 사람에게 가장 중요한 것은 무엇일까?

가치관과 비전이 명확해야 한다. 프리랜서로 일할 때는 너무 어리기도 했고, 비전에 대해 생각해 보지 않아서 목표가 없었다. 일이 그냥 돈을 버는 행위에 불과했던 거다. 큰돈이 들어오면 좋아하고, 일이 안 들어오면 우울한 식이었다. 큰 그림이 없었기 때문이다. 오롤리데이도 2019년까지는 하루하루 생존해 나가는 브랜드였다. 2020년에 목표를 세우면서 활력이 생기고, 브랜드도 단단해졌다. 비전을 공유하고, 1년 동안 같이 달성할 목표를 설립했다. 그건 사실 팀만의 문제가 아니라 개인에게도 마찬가지다. 내가 이걸 왜 해야 하는지, 얻고자 하는 게 뭔지, 얼마나 지속할 수 있을지, 평생 하고 싶은 일인지, 진짜 좋아하는 일인지, 진짜 잘하는 일인지 알아야 한다.

스스로에게 계속 질문을 던져야 하겠다.

회사를 다니면서 하는 사이드 프로젝트도 질문을 계속 던져서 자신을 찾는 과정이라고 생각한다. 내가 진짜 이 회사에서 충분한 즐거움과 행복을 느끼는지 자문하고, 아닌 것 같으면 시도하는 거다. 그래서 되게 멋있다고 생각한다. 지인 중에 대기업 12년 차 과장인데, 사진에 푹 빠져서 블로그를 운영하는 사람이 있다. 하루도 빠짐없이 포스팅을 해서 파워 블로거가 됐다. 사진이 계속 쌓이니까 여기저기에서 의뢰가 들어오기 시작했고, 지금은 회사는 회사대로 다니면서 브랜드 룩북을 찍고 있다. 자신에게 계속 질문을 던지고, 행동했기 때문에 할 수 있는 일이라고 생각한다.

개인 단위의 비전이 있다는 게 일반적인 프리랜서와 인

디펜던트 워커의 차이인 것 같다. 그러면 지금 개인으로서 하는 일들의 핵심은 무엇인가?

누군가의 삶을 더 나아지게 만드는 것이다. 스스로에게 계속 질문을 던져 보니, 나는 거기에서 가장 큰 보람과 행복을 느끼더라. 그래서 오롤리데이의 슬로건이 'O,LD! makes your life happier'다. 해피어happier라고 쓰는 이유는 '너는 원래도 행복한 사람인데, 더 행복하게 만들어 주겠다'고 말하고 싶어서다. 밑미도 누군가의 삶을 개선해 주는 일이다. 내가 하는 일들이 같은 비전을 공유하기 때문에 동시에 하면서도 즐거울 수 있었다.

지금 어떤 시장에서 일하고 있다고 생각하나?

업계는 상관없는 것 같다. 나의 통찰력과 추진력이 필요한 곳에서 불러 주고, 고민을 나눠 준다면 진심으로 같이 고민할 수 있다. 물론 내가 전혀 알지 못하는 분야의 전문적인 문제를 해결하기는 어렵겠지만, 조직 문제라면 좋은 방법을 같이 의논할 수 있다.

브랜드를 직접 운영하는 것과 다른 곳에서 디렉터 역할

<u>을 하는 것 중 장기적으로 지속할 일은 무엇인가?</u>

나는 오롤리데이를 너무 사랑해서, 회사가 망하지 않는 한은 계속 같이 갈 것 같다. 지금 내 우선순위는 오롤리데이다. 이 브랜드가 건강해야 다른 일도 병행할 수 있다. 조직의 건강을 정말 중요하게 생각하고 있다. 조직 분위기를 바꾸는 경험을 해보니, 건강한 조직이 얼마나 팀에 시너지를 주는지 알게 됐다. 그래서 누군가가 조직과 관련된 어려움을 토로하면 도와주고 싶은 마음이 있다. 다른 팀도 이런 걸 경험했으면 하는 거다. 그래서 사업하는 친구들이 상담하러 오면 서너 시간씩 얘기해 주기도 한다. 생각해 보니 디렉터 역할을 무료로 하는 셈이다. (웃음)

<u>돈을 벌기보다는 사회를 위한 차원에서 하고 싶은 일인가?</u>

지금은 그런 것 같다. 내 이야기가 무조건 답이라고 생각하지는 않는다. 경험을 나누고 싶을 뿐이다. 양질의 콘텐츠를 계속 만들고 싶고, 누군가가 불러 준다면 이야기하고 싶다. 살면서 돈이 목적이었던 적은 한 번도 없었다. 사업을 하다 보니까 돈은 따라오게 됐고, 계속 따라오게 만드는 게 내 역할이다.

지금 속한 시장은 지속 가능하다고 생각하나?

지속 가능하게 만들어야 한다. 예를 들어, 오롤리데이는 지금 제품을 생산해 판매하는 구조다. 여기엔 한계가 있다. 물류실도 계속 커져야 하고, 그러면 지금처럼 퀄리티 높은 서비스를 하기 어려워진다. 그래서 올해는 언택트untact에 더 집중해 보려고 한다. 제품뿐 아니라 무형의 서비스로 확장하려고 계획을 짜고 있다. 사회가 변하면 변하는 대로 지속 가능하게 만들어야 한다. 우리는 오롤리데이를 '문구 브랜드'나 '생활 제품 브랜드'로 단정 짓지 않았다. 제품이 전부 없어지고 서비스 회사가 될 수도 있다. 비전만 있는 회사인 셈이다. 비전에만 부합한다면 서비스 형태는 바뀔 수 있다.

개인으로서도 계속 독립적으로 일하려면 자기가 속한 시장을 지속 가능하게 만들어 가야 하겠다.

계속 공부해야 한다. 사회 문제에 밝아야 그만큼 유연하게 움직이고, 스스로 방법을 찾을 수 있다. 이미 다른 사람들이 만들어 놓은 방법은 많다. 유튜브에 '한 달에 5000만 원 벌기' 같은 콘텐츠도 많지 않나. 그런데 그건 그 사람의 방법이다. 나한테는 안 통할 수도 있고, 앞으로의 시장에 안 통할 수도 있다. 결국에는 스스로 공부하고, 예측하고, 통찰력을 높이고, 질문을 계속해야 살아남는 시대가 올 것 같다. 상황이 빠르게 변화하기 때문에 누군가가 이미 해둔 걸 따라 하면 부족한 거다.

나에게 해주고 싶은 말

일하는 개인으로서는 속한 시장이나 자신의 능력을 확장하는 것과 집중하는 방향 중 어느 걸 선택했나?

확장이다. 오롤리데이가 다루는 카테고리는 계속 늘어나고 있다. 그런데 오히려 비전에는 점점 집중해 왔다. 알맹이를 먼저 만들어야 한다고 생각한다. 예쁜 캐릭터를 만들고, 그걸로 굿즈를 생산하는 브랜드는 정말 많다. 나도 처음엔 그렇게 접근했다. 회사를 운영하면서 본질을 찾았다. '당신의 삶을 더 행복하게 만들어 주겠다'는 미션은 처음 시작할 때 마음속에는 있었지만, 슬로건으로 만들어지지는 않은 상태였다. 창업 2, 3년 차 때부터 만들어 갔다. 만들고 나니까 직원들과 가치를 일치시키기도 좋고, 스스로도 나는 그 목표를 갖고 일한다는 생각이 마음에 박혀 있더라. 확장하고, 변화를 겪더라도 비전은 확고한 게 정말 중요하다.

<u>'알맹이'는 어떻게 발견하나.</u>

자신을 잘 알아야 한다. 내가 어디에서 기쁨을 느끼는 사람인지. 좋아하는 일이어야 오래 할 수 있다. 나에 관한 탐구가 우선이다.

<u>오롤리데이라는 브랜드와 박신후 개인의 브랜드가 일 치하나, 아니면 조금 다른가.</u>

완벽하게 일치한다. 나라는 사람이 브랜드가 된 것이 오롤리 데이라고 생각한다. 사실 그래서 일이라는 생각이 별로 안 든 다. 내가 성장해 가는 과정 같다. 그래서 나도 더 오롤리데이 스럽게 살려고 노력한다. 아프거나 마음이 무너지지 않게 내 행복에 집중하려 한다. 개인으로서도 더 행복하게 살고, 다른 사람에게 행복을 주려고 하는 거다. 인스타그램을 하는 것도 비슷한 맥락이다. 내 모습을 진짜 투명하게 보여 준다. 거리낌 없이 나를 드러내고, 내 얘기를 해서 누군가가 긍정적인 영향 을 받을 수 있다면 좋겠다.

<u>인스타그램을 하면서 개인 브랜딩을 한다는 생각을 하나?</u>

개인 브랜딩이라는 생각은 안 했다. 브랜딩은 계획하에 하는

건데 나는 그냥 솔직하게 내 삶을 보여 주다 보니 브랜딩이 됐다. 사람들이 '롤리는 이런 사람'이라고 생각하는 캐릭터가 만들어졌다. 그게 진짜 나와 다르지 않아서 불편하지 않다.

나는 허술한 점도, 잘하는 것도 모두 보여 주려고 한다. 인스타그램을 9년째 하고 있는데, 지금까지 제일 좋아요와 댓글 수가 많았던 게 남편과의 부부 상담을 고백한 게시물이었다. 좋아요 5000개가 넘었다. 인스타그램을 보면 다들 행복하게 사는 것 같지 않나. '나는 힘든데, 왜 다들 즐거워 보이지?'라며 비교하게 되기도 한다. 그래서 힘들었던 얘기를 꼭 하고 싶었다. 늘 밝아 보이는 나도 이렇게 힘든 일이 있다는 메시지를 주고 싶었달까. 남편과 이혼 위기까지 갔다가 심리 상담으로 극복한 과정을 공개한 이유다. 그 게시물 때문에 DM도 엄청 왔다. 이렇게 그냥 진솔한 모습을 보여 주다 보니 브랜딩이 됐다. 나는 꾸미는 순간 삶이 망가진다고 생각한다. 진짜 내가 아니라 꾸민 모습처럼 행동해야 하니까. 얼마나 나다운가가 가장 중요하다. 브랜드에도, 독립적으로 활동하는 사람한테도.

나다운 일을 발견하고, 스스로 정의를 내리려면 어떻게 해야 할까?

좋은 질문을 던져야 한다. 나를 남이라고 생각하는 것도 좋은 방법이다. 예를 들어 내가 내 동생이라면 어떤 질문을 던질지 생각해 보는 거다. '진짜 좋아하는 거야?', '계속할 수 있겠어?', '다른 걸 다 포기하고도 할 수 있는 일이야?' 이렇게. 쏘아붙이는 것 같은 질문들을 나에게 해보는 것도 중요하다. 나는 스물한 살에 바닥을 친 적이 있다. 모든 악재가 겹쳤고, 세상에 혼자 떠 있는 것 같았다. 그때 나를 구원해 준 게 나에게 편지 쓰기다. 제3자가 돼서 나에게 말을 건네면 나한테 해주지 않았던 말을 하게 된다. 용기를 주는 말도 하고, 혼도 낸다. 그렇게 하니까 하루하루 에너지가 차오르더라. 사실 힘든 순간이 아니면 스스로와 소통이 잘 안 된다. (웃음) 고독한 시간이 왔다면 스스로에게 메시지를 던지고, 질문을 많이 해보는 것도 좋다. 그래야만 나에 대해 정의 내릴 수 있다.

몰입해야 내 것이 된다

인디펜던트 워커로 일하려면 서로 피드백을 주고받으며 같이 성장할 수 있는 동료도 필요하다.

스스로를 잘 알면 어떤 커뮤니티에 가서 어떤 활동을 할지가 더 명확해진다. 나는 요즘 리추얼 메이커를 하면서 매달 20명

정도의 사람들과 소통하고 있다. 신기하게도 사는 나라, 나이, 직업이 다 다른데 하나로 묶여서 친구나 가족한테도 이야기하지 않는 시시콜콜한 일상을 공유하고 있다. 그 안에서 잘 맞는 사람들끼리 따로 만나기도 한다. 잘 맞는 공간, 커뮤니티를 찾아서 적극적으로 사람을 만나는 게 진짜 잘 맞는 동료를 만나는 방법인 것 같다.

일을 하면서 얻는 걸 내 것으로 만드는 방법이 있을까?

일에 몰입하고, 일을 사랑해야 내 것으로 만들 수 있다. 나는 회사에 다닌 6개월 동안은 아무것도 가져온 게 없다. 몰입하지 않았고, 사랑하지 않았다. 그래서 진심으로 일을 사랑하고, 몰입할 수 있는 환경을 만들어 주는 게 중요하다고 생각한다. 나도 지금 팀원들이 겉핥기식으로 일하지 않도록 하는 데 가장 신경 쓰고 있다. 지금 오롤리데이에 있는 직원들은 브랜드를 사랑하고, 몰입해서 일한다. 주말에도 인사이트를 주는 이야기를 나한테 보내고, 정리해서 브런치에 올린다. 그렇게 일하면 스스로 성장할 수 있고, 나가서도 남는 게 있을 거다.

일하면서 소모된다고 느끼는 것과 성장하는 것의 차이

<u>가 거기에서 오겠다.</u>

소모된다고 느끼는 순간 그 조직에 머무르면 안 된다. 굳이 거기서 시간을 보낼 필요가 없다. 일의 목적이 돈에만 있다면 상관없겠지만, 그렇지 않다면 좋아할 수 있는 일을 찾아야 한다.

<u>일과 삶을 분리하는 편은 아닌 것 같다. 두 가지가 서로 시너지를 내게 하려면 어떻게 해야 할까?</u>

일과 삶 각각의 퀄리티가 중요하다. 일에서 행복해야 퇴근해서도 행복할 수 있다. 대기업에 다녀서 월급도 많이 받고, 회사에서 인정도 받지만 일이 즐겁지 않은 사람이라고 해보자. 칼퇴하고 집에 와서 책도 보고, 넷플릭스도 보는데 허무한 느낌이 계속 든다면, 일 생각이 연장되는 거라고 할 수 있다. 반대로 일에 만족해도 가족과 불화가 있다면 행복하지 않을 거다. 일과 삶 각각의 만족도를 높여야 한다. 그러려면 내가 어떤 걸 좋아하고, 잘하고, 쉬는 시간엔 어떤 걸 해야 힘이 나는지 연구해야 한다. 부모님, 가족, 친구 등 누구의 만족도 아닌 나의 만족이 중요하다. 워라밸을 시간으로 나눌 필요는 없다.

<u>일도 즐기는 시간일 수 있다.</u>

나는 욜로YOLO라는 말도 싫어한다. (웃음) 일은 무조건 재미없고, 노는 것만 즐거운 게 아니다. 그 이전에 내가 진짜 뭘 좋아하는지가 중요하다. 욜로를 실컷 했는데 사실 안정적인 걸 좋아하는 사람이었을 수도 있지 않나

<u>좋아하는 일을 하기가 더 어려운 것 같다. 두려워서든,</u>
<u>좋아하는 게 뭔지 찾지 못해서든.</u>

대부분 두려워서인 것 같다. 자기를 알아가는 게 두렵고, 방법을 몰라서일 수 있다. 나에 대해서 공짜로 알 수는 없다. 본질적인 질문을 던지거나, 닥치는 대로 경험해 봐야 한다. 그런데 경험에는 시간적, 체력적 한계가 있다. 그래서 자신을 관리하고, 채찍질해야 한다. 나도 한두 달 동안 아침 운동을 하다가도 하루 이틀 안 하기 시작하면 3일째부터 하기 싫어진다. 독립적으로 일하는 사람이라면 더욱더 자기를 잘 알고, 뚝심이 있어야 이리저리 끌려다니지 않을 수 있다.

윤성원은 다양한 디지털 콘텐츠를 만드는 1인 기업 '프로젝트 썸원'의 콘텐트 오너(Content Owner)다. 앞서 IT 뉴스 매체 아웃스탠딩에서 기자로 일했다. 2019년 11월부터 주말에 보내는 '썸원의 Summary & Edit'이라는 뉴스레터를 통해 일주일 동안 접한 콘텐츠 중 좋은 내용을 선별하고 핵심을 요약해 제공한다. 2021년 1월까지 100개 이상의 뉴스레터를 발행했고, 평균 오픈율은 49.7퍼센트다.

윤성원은 성장이 끊임없는 가설 설정과 검증의 반복이라고 말한다. 그리고 그 과정이 가벼워야 한다고 강조한다. 거창한 계획은 필요하지 않다. 좋아하고, 시도하고 싶은 일이 있다면 일단 해보라는 이야기다. 시행착오도 자신만의 자산이 될 수 있기 때문이다. 조직의 팀원, 또 인디펜던트 워커로서 가설을 검증해 나가는 방법을 들었다.

윤성원 ; 가장 가벼운 것부터,

가벼운 마음으로

콘텐트 오너

지금 어떤 일을 하고 있나?

프로젝트 썸원의 콘텐트 오너다. 뉴스레터 기반 창업을 한 지 이제 4개월 차가 됐다. 콘텐츠 기반의 유료 멤버십 모델을 실험하고 있다. 내가 일주일 동안 접한 콘텐츠 중에 좋은 것만 추려 전한다. 유료 멤버십 회원들에게는 추가로 구독 모델, 라이브 커머스 등 조금 더 깊이 있게 알면 좋은 주제들에 대해 정리한 스페셜 브리핑, 관점을 담은 별도의 아티클 등을 전하고 있다. 2019년 11월에 시작했다. 처음 한 달은 매일 뉴스레터를 보냈다가, 2019년 12월부터는 주말에 뉴스레터를 보내고 있다. 독자들 가운데는 미디어 업계 종사자, 스타트업 종사자가 많은 것으로 추정하고 있다.

콘텐트 오너가 무슨 뜻인가.

디지털에서 콘텐츠 만드는 사람, 특히 디지털에서 글을 쓰는 사람을 부르는 제대로 된 명칭이 아직 없다. 그래서 보통 기자나 작가 혹은 에디터 등으로 부른다. 어느 날 문득 디지털에서 글을 쓰고 이를 비즈니스로까지 발전시키는 사람을 지칭하는 표현이 있었으면 좋겠다고 생각했다. 뭐가 좋을지 생각하다가, 스타트업에서 활용되는 프로덕트 오너Product Owner 개념을 살짝 바꿔서 콘텐츠 오너라고 지었다.

<u>콘텐츠 비즈니스에 뛰어든 계기가 궁금하다.</u>

어느 날 문득 이런 생각을 했다. 디지털 기반의 IT 비즈니스는 폭발적으로 성장하고 있는데, 게임이나 웹툰, 웹소설 등 몇 개 분야를 빼놓고 그 안에서 움직이는 콘텐츠의 질은 그대로이거나 오히려 떨어지고 있는 게 아닐까라고. 그래서 '왜 그럴까'를 생각해 봤는데, 이걸 문제라고 인식하는 사람들이 많지 않아서인 것 같더라. 나는 이게 문제라는 점을 인지했으니, 내가 할 수 있는 선에서 해결 방법을 찾아야겠다고 생각했다. 물론 내가 혼자서 시장의 문제를 해결할 수 있다고 생각하지는 않는다. 하지만 초반에는 혼자서 해야 더 많은 시도를 해볼 수 있으니까, 잘 될지는 알 수 없지만 무모함을 감당하기로 했다. 무모하더라도 나는 이 문제가 진짜 중요한 문제라고 생각하고, 그래서 뛰어들었다. 결국 사람들이 접하는 콘텐츠의 퀄리티가 사람들의 삶에도 직접적으로 영향을 미치니까.

프로젝트 썸원은 문제를 어떻게 해결하려고 하나.

단순히 특정 뉴스레터나 콘텐츠가 문제를 해결한다고 생각하
지는 않는다. 그보다는 콘텐츠의 생산, 유통 구조가 바뀌어야
한다고 생각한다. 이를 위해 콘텐츠와 관련해 최대한 다양한
시도를 하고자 하는 게 창업 이유다. 양질의 콘텐츠가 생산되
고, 좋은 콘텐츠가 더 잘 경험될 수 있도록 기여하기 위한 '시
도'에 초점을 둔다. 최근에는 뉴스레터를 보내는 것 외에도
회원들과 함께 그동안 읽었던 책이나 봤던 콘텐츠를 연결해
서 이야기하는 온라인 이벤트도 진행하고 있다.

    조금 더 구체적으로 생각하고 있는 해결 방법과 단계들
이 있지만, 실제로 검증하기 전까지는 솔루션이라고 말할 순
없을 것 같다. 아름답고 낭만적인 솔루션이 있는 것도 좋지만,
그보다는 시장에서 최대한 많은 시도를 해보고, 기록으로 남
기는 것이 더 중요하다고 생각한다.

왜 뉴스레터라는 형식을 먼저 선택했나.

특별한 계기가 있었던 건 아니다. 다른 회사로 이직하는 사이
한 달 정도 쉬는 기간이 있었다. 평소에 뉴스레터에 관심이 있
었어서 '한 달 동안 한번 운영해 볼까'라는 생각으로 특별한

준비 없이 시작했다. 처음에는 폰트를 바꿀 줄도 몰랐다. 매일 뉴스레터를 발행하면서 방법을 익혔다. 계획하기보다는 일단 시작하고 필요하다고 생각하면 보완하는 방식이다. 가급적 가볍게 시작하자는 주의다.

어떤 커리어를 거쳐 왔는지 궁금하다. 원래 콘텐츠를 만드는 일을 했었나.

커리어의 대부분은 뉴미디어 회사 혹은 스타트업에서 일을 했다. 대체로 기사를 쓰거나 콘텐츠 만드는 일을 했다. 물론 스타트업이다 보니 그 외에도 다른 여러 가지 일을 했다. (웃음) 일 외에도 개인적으로 2019년 11월부터 뉴스레터를 만들었고, 그 덕분에 창업 초기지만 뉴스레터를 기반으로 이것저것을 시도해보고 있다.

왜 독립적으로 일하기로 했나.

솔직히 말하면 꼭 독립적으로 일해야겠다고 생각해 본 적은 없다. 다만, 독립적인 존재로서 인생을 살아야겠다는 생각은 어릴 때부터 계속했다. 내가 내 힘으로 증명할 수 있는 것은 무엇인가. 그걸 증명하려면 지금 무엇을 해야 하나. 구체적으로 오늘 무엇을 해야 하나. 언제부터인지 모르겠지만 이런 생각을 살면서 꾸준히 했고, 그런 하루하루가 쌓이다 보니 어느새 창업까지 하게 된 것 같다.

지금 하고 있는 일을 어떻게 정의하나.

내가 풀어야 할 문제를 점점 더 깊이 파고들고, 온 마음을 다해 해결 방안을 찾고, 끊임없이 시도해 보는 상태 정도다. 개인적으로도, 디지털 콘텐츠는 그 자체로 하나의 프로덕트라고 생각한다.

좋아하는 일과 잘하는 일의 선순환 구조

텍스트 콘텐츠에 관심 갖게 된 이유가 궁금하다.

어릴 때부터 콘텐츠에 관심이 많았다. 처음에는 사실 드라마를 만들고 싶어서 드라마 PD를 준비했다. 그런데 준비하다 보니 드라마가 아니어도 콘텐츠라면 상관없겠다는 생각이 들었다. 영상도 만들고, 오디오도 만들다가 텍스트에 주목했다. 디지털 분야에서 텍스트가 가장 디벨롭develop되지 않은 분야다. 디지털 분야에서 텍스트로 승부를 보겠다는 사람이 거의

없지 않나. 사람들이 잘 안 하니까 이 시장에 뛰어들면 좋겠다
고 생각했다.

글쓰기를 원래 좋아했나.

글쓰기를 잘해서 시작했다거나, 처음부터 글쓰기를 좋아해서
시작한 건 아니다. 인생을 살아가는 데 있어서, 그리고 생각과
감정을 타인에게 효과적으로 전달하기 위해서 글쓰기가 꼭
필요한 역량이라고 생각했다. 그래서 글쓰기 연습을 했는데,
쓰다 보니 재미있어지더라. 계속 쓰다 보니 종종 잘 쓴다는 소
리도 들었다. (웃음) 칭찬을 들으면 글쓰기가 더 재미있어졌
고, 그런 과정이 계속 반복되다 지금까지 온 것 같다.

**타깃층이 궁금하다. 주로 트렌드, 콘텐츠 비즈니스 분
야를 큐레이션하지만 일, 삶 전반에 인사이트를 주는
글도 있다.**

결국 양질의 콘텐츠를 보고 싶어 하는 사람들이 모일 수 있는
공간을 구축하는 것이 관심사다. 그런 사람들을 타깃이자 시
장으로 생각하고 있다.

콘텐츠 시장은 지속 가능하다고 생각하나? 어떻게 판단했나.

콘텐츠는 이미 수천 년을 살아남은 분야다. 세상에는 그 시간을 넘어 살아남은 탁월한 콘텐츠들도 엄청 많다. 그래서 나는 이 시장 자체는 불변하리라 생각한다. 오히려 디지털이 확산하면서 콘텐츠는 과거 그 어떤 시기보다 더 잘 보전되고 더 잘 전파될 거라고 믿는다. 그래서 시장 자체에 대한 의심이나 걱정 같은 걸 해본 적은 없다. 진짜 문제는 나에게 그런 걸 만들 수 있는 깜냥이 있느냐다. 콘텐츠의 좋은 점, 특히 직업으로서의 글쓰기의 좋은 점은 결국 창작자 혼자서 자신의 힘으로 한 글자 한 글자 써나가야 한다는 점이 아닐까 한다.

혼자서 양질의 콘텐츠를 만들어 내는 게 쉬운 일은 아니다. 무엇보다 자신의 능력에 대한 확신이 있어야 할 것 같다.

확신보다 진심이 더 필요한 일인 것 같다. 나는 세상에 이런 콘텐츠가 필요하다고 생각하고, 그런 콘텐츠를 만들고 제공하기 위해 최선을 다하고 있다. 콘텐츠의 퀄리티는 결국 독자가 판단하는 거 아닌가.

글쓰기도 마찬가지다. 나는 글쓰기가 생각을 전달하는 하나의 방법이라고 생각하고, 글이 가지는 매력을 좋아한다. 글을 통해 생각을 전달하려고 하는 이유다. 절대 글을 잘 써서 글을 쓰는 건 아니다. (웃음) 글쓰기 능력에 대한 확신이 크지 않더라도, 글로 전달하고 싶은 생각을 갖고 있느냐가 중요할 것 같다.

잘하는 일보다 좋아하는 일을 하는 게 더 중요하다고 보는 건가.

두 가지를 인위적으로 구분하는 건 불가능하지 않을까 싶다. 좋아하는 일을 계속하려면 잘해야 하고, 무언가를 탁월하게 잘한다면 그 일이 좋아질 수밖에 없을 것 같다.

기본적으로는 잘하는 일을 발견하는 것보다는 자신이 좋아하는 일, 좋아하는 분야를 찾으려고 노력하는 게 더 중요하다고 생각한다. 진심으로 좋아하는 일을 하면, 당연히 잘하고 싶어질 거고, 그러다 잘하게 되면 그 일이 더 좋을 것이고, 그러면 더 잘하고 싶어지지 않을까. 무언가 급하게 잘하려고 하기보다는, 자신이 무엇을 좋아하는지를 찾는 데 시간을 많이 쓰는 게 중요하다.

초라함이라는 동력

언론사 기획실에서도 근무했고, 스타트업에서 기자로
도 활동했다. 조직에 속한 사람으로서 일한 건 어떤 의
미였나?

스타트업에 입사한 후 이것 하나만큼은 비교적 명확했다. '내
가 지향하는 가치 혹은 내가 검증하고 싶었던 가설을 검증하
고 있는 회사를 찾고, 입사하게 되면 감사한 마음을 가지고 최
선을 다한다'는 생각이다. 여러 회사를 옮겨 다녔지만, 늘 내
가 생각한 방향이나 짐작이 맞는지를 계속 테스트하려고 했
다. 그 과정에서 수많은 실패를 겪었지만 이를 통해 많은 것들
을 배웠다.

사실 할 수만 있다면 월급을 받으면서 가설을 검증하는
게 최고다. (웃음) 나도 되도록 안정적인 환경에서 여러 번 실
패하는 것이 낫겠다고 판단해서 스타트업을 선택했다. 가설
을 검증하기 위해서는 본인이 원하는 바와 비슷한 것을 지향
하는 회사를 선택하는 게 중요하다. 그러면 단순하게 일에 집
중할 수 있다. 아무래도 대기업에 다니다 보면 내가 하고 싶은
대로 못 할 확률이 높다. 조직에서 실패하며 배우는 과정 자체
가 내 자산이 될 수 있다.

조직에서 일할 때와 독립적으로 일할 때의 차이점이 무엇이라고 생각하는가.

내가 모든 일을 결정할 수 있다는 거다. 조직에서 일할 때는 일하는 방식, 의사 결정 과정에 있어서 누군가가 정한 방식에 따라야 했다. 하지만 혼자서 일하게 된 뒤에는 무언가를 결정할 때 혼자서 판단해서 하고 있다. 더 자유롭고 더 주체적이며, 동시에 더 책임감이 큰 방식이다. 나는 이 방식이 훨씬 더 재미있다고 느꼈다.

다시 조직에 속할 생각이 있나.

물론 사람들이랑 같이 일하는 것도 좋아한다. 그런데 지금은 가설을 검증하는 게 우선이고, 그 과정에서는 혼자 결정을 내리는 게 편하니까 혼자서 한다. 몇 가지 가설이 검증된다면 장기적으로는 팀 빌딩을 할 생각이다. 만약에 조직을 꾸리게 되면, 다른 구성원들도 앞서 말했던 것처럼 자신이 주도하는 방식으로 의사 결정을 내리고, 일할 수 있도록 만들고 싶다.

가설 검증을 강조한다. 일하면서 가설을 어떤 식으로

세우고 검증하나.

자신이 증명하고 싶은 가설을 구체화하고, 그걸 검증하는 데
까지 내가 쓸 수 있는 시간을 계산한다. 계산을 끝내면 그 기
간 동안 마음을 다한다. 뉴스레터의 예를 들면, 새로운 회사로
출근하기 전에 한 달 정도 시간이 나서, 그 시간이면 충분히
테스트를 할 수 있겠다고 판단해서 시작하게 됐다. 일을 시작
하고 난 후에는 매일 뉴스레터를 보낼 수 없으니까 주말에 짬
을 내서 뉴스레터를 썼다. 이런 식으로 어느 정도 시간을 쓸
수 있을지 계산해 보는 거다. 사업을 시작할 때도 세 가지 가
설을 세웠다. 영업 비밀이라 공개는 어렵다. (웃음) 가설들을
검증하는 데 내가 쓸 수 있는 시간이 1년 정도 될 것 같더라.
그래서 누가 뭐라고 해도 나는 내가 생각하는 가설을 검증하
기 위해 1년을 써 볼 생각이다.

혼자 모든 걸 하고 있다. 어떻게 어려움을 극복하나?

나는 모르는 게 많다. 특히 회계는 잘 모른다. 그런데 모르는
게 당연하다고 생각한다. 안 해봐서 모르는 거고, 그래서 경험
이 중요하다고 생각한다. 그리고 그 경험을 재미있게 받아들
이려고 한다. 창업이 어렵고 힘들다고들 하는데, 힘든 것과 동

시에 재밌는 부분도 분명 있다. 개인적으로는 그동안 조직에서 일했던 시기보다 독립적으로 훨씬 더 재미있게 일하고 있다. 나 자신에게 시행착오를 겪을 시간을 주는 것이 중요하다. 혼자 일하니까 남에게 피해를 주는 것도 아니지 않나. (웃음)

피드백을 주고받을 팀원이 없다는 게 불편하지 않은가.

물론 동료나 멘토, 또 다른 전문가의 피드백도 중요하다. 하지만 항상 그걸 받을 수 있는 게 아니기 때문에 스스로 결과물에서 무엇이 부족했는지 판단하는 게 중요하다. 콘텐츠 만드는 일의 최대 장점 중 하나는 다른 누가 말해 주지 않아도 콘텐츠를 완성하고 사람들에게 공개하는 순간, 잘 만들었는지 못 만들었는지를 즉각적으로 알 수 있다는 점이다. 그래서 나는 부끄러운 지점을 발견하면 빠르게 보완한다. 부끄러움과 초라함이 생각보다 큰 동력이 될 수 있다. 예를 들면 글에 내 오만함이 묻어날 수도 있고, 편견이 들어가 있을 수도 있다. 거기에 담긴 내 관점 자체가 너무 식상할 수도 있다. 이런 점들을 느낄 때마다 바로바로 바꾸려고 한다. 다만 피드백 수용에도 원칙이 있다. 독자가 전달했다고 해서 모든 피드백을 다 수용하는 게 아니라, 좋은 방식이라고 판단하면 반영한다.

지금 가는 방향이 맞는지 어떻게 확인하나. 팀의 기준이 아니라, 나의 기준으로 판단해야 할 텐데.

결국 자기 판단이 제일 중요하다. 만든 내가 구리다고 생각하는데, 다른 사람들이 좋다고 한들 무슨 소용이 있을까. 살면서 그런 순간이 몇 번 있었는데 진짜 부끄러웠다. 반대로, 사람들의 반응이 좋지 않아도 스스로가 괜찮은 시도였다고 생각하면 반응에 크게 괘념치 않는다. 대신 사람들이 좋아하게 하려면 무엇을 어떻게 바꿔야 하느냐를 계속 생각하는 편이고, 떠오르면 그 방향으로 시도를 해본다.

일하는 개인으로서 속한 시장을 확장하는 게 좋을까, 좁히는 게 좋을까.

좁게나 넓게보다는 '가볍게'가 더 중요하다고 생각한다. 가볍게 시도해 보고, 거기서 배운 게 있다면, 그걸 적용하기 위해 또 다른 시도를 해보는 거다. 거기서 또 뭔가를 깨달으면 다시 시도해 보고. 그러다 보면 시도하기 전과는 다른 환경이 만들어진다고 믿는다.

솔직하게 공유할 때

책, 뉴스 등 다양한 콘텐츠에서 맥락을 짚어 내고, 거기
에 관점을 담아내는 게 썸원 뉴스레터의 강점이다. 자
신만의 시각을 만드는 방법이 있나.

부끄럽지만 구체적으로 설명할 만큼 특별한 건 없다. (웃음)
처음부터 '이걸 이런 관점에서 해야겠다'는 식의 논리적인 과
정은 없었다. 콘텐츠를 보다가 재밌다는 생각이 들거나, 유의
미하다고 생각하면 페이스북에 올려 사람들과 공유했다. 그
러다 '뉴스레터를 써서 공유하면 재밌겠다'라고 생각해서 뉴
스레터로 넘어갔다. 거창한 훈련이라고 할 만한 것은 없다.

그래도 어느 정도 공부해야 뭔가를 쓸 수 있는 거 아닌가.

내가 강조하고 싶은 건 사람마다 보는 눈이 있다는 거다. 이걸
공유하느냐 안 하느냐 차이다. 콘텐츠의 가장 좋은 점은 따로
열심히 공부하지 않아도 되는 데 있다고 생각한다. 누구나 다
보고 이게 좋은지 아닌지를 알 수 있다. 영화를 공부하지 않아
도, 사람들은 자신이 본 영화가 좋은지 아닌지 거의 직관적으
로 판단을 내린다. 누구나 직관적으로 '이래서 좋았다'고 설

명할 수 있다. 다만 내가 느낀 바를 공유하는 게 재밌는 사람이 있고, 그냥 보고 끝내는 사람이 있다. 나는 공유하는 게 더 재밌는 사람이다.

어떤 방식으로 공유해 왔나.

거의 모든 걸 페이스북을 통해 공유한다. 사소한 것까지 공유하는 편이다. 그런 걸 더 많이 공유해야 한다고 생각한다. 사람들은 보통 좋은 것, 내가 잘하는 것 위주로 공유한다. 정제된 것도 좋지만 나는 시행착오를 겪는 모습도 있는 그대로 보여 주려고 한다. 나는 잘 모르겠다, 도와달라는 얘기도 많이 한다. 사업을 시작하고 나서 명함을 어떻게 만들어야 하는지 몰라서 페이스북에서 묻기도 했다. 그래서 사람들이 사이트 알려 주면 거기 가서 만드는 식이다.

모른다고 솔직하게 말하는 것도 쉬운 일이 아니다.

타깃 독자들이 나보다 똑똑하다고 생각한다. 왜 우리가 기사를 쓸 때 중학교 2학년도 알아들을 수 있도록 쓰라고 배우지 않나. 그런데 나는 정반대로 생각한다. 나보다 독자들이 훨씬 더 똑똑하기 때문에 독자들 눈에 오만하게 비치지 않으려고 노력한다. 그분들에게 질문을 던질 수 있는 형태로 콘텐츠를 만들려고 한다. 그래서 강연 같은 것도 안 하려고 한다. 강연에 참석한 사람 중 나보다 더 잘 아는 사람도 많을 텐데 내가 나서면 오만해 보일 수도 있을 것 같다. 나는 '이런 이유로 궁금증이 생겼고, 이렇게 생각하는데 여러분은 어떻게 생각하냐'고 물어보는 스타일이다. 그렇게 관점을 공유하고, 만들어 가고 있다.

프로젝트 썸원의 핵심을 공유로 볼 수 있을 것 같다. 공유를 통해 궁극적으로 지향하는 가치가 무엇인가.

디지털 광장에서 양질의 콘텐츠가 만들어졌으면 좋겠다. 그리고 그 콘텐츠를 독자들이 더 잘 경험할 수 있었으면 한다. 그런 세상을 만들어나가는 데에 내가 조금이라도 이바지했으면 좋겠다. 뉴스레터를 운영하는 것도 기존 플랫폼에서 좋은 콘텐츠를 만나기 쉽지 않아서다. 내가 직접 좋은 콘텐츠를 골라서 전달하면 어떨까 하는 마음에서 시작했다.

조직에 있건, 독립적으로 일하건 내가 정말 잘할 수 있는 분야를 찾는 게 쉽지 않다. 빠르게 찾는 방법이 있을까.

심플하다. 첫째, 좋아하거나 시도해 보고 싶은 일이 있으면 뭐든 가볍게 시도한다. 둘째, 그걸 소셜 미디어를 통해 알린다.

개인적으로 퍼스널 브랜딩보다는 퍼스널 그로스growth
가 더 중요하다고 생각한다. 과거의 나보다 성장하거나 발전
한 부분이 있다면 그게 곧 브랜딩이 아닐까. 어떤 사람인지도
중요하지만, 어떻게 달라지고 있는지도 중요하다. 달라진 것
을 성장이라고 불러야 할지, 변화라고 불러야 할지는 모르겠
지만 1년 전에 비해 달라져 있다면 사람들의 시선도 달라질
수밖에 없다.

자신을 발견하는 법은 사람마다 다 다를 것 같지만, 사
람들은 생각보다 자기 자신한테 시간을 잘 투자하지 않는다.
그래서 스스로 성장할 시간을 주는 것도 괜찮은 방법이라고
생각한다.

시간을 어떻게 써야 성장할 수 있을까.

성장하려면 무언가를 끊임없이 시도해야 한다. 안 해봤던 걸
해보고, 발전하기 위해 시행착오를 겪어야 한다. 시행착오를
극복해 내면 그만큼 성장하는 거다. 나 역시 마찬가지다. 뉴미
디어 업계에서 이리저리 옮겨 다니고 독립적으로 일하면서
원하는 바를 이뤘다면, 굳이 위험을 감수하고 창업을 하진 않
았겠지. (웃음) 시행착오를 겪고 있는 모습을 보고 독자들이

'얘는 뭔가 신기한 걸 하네'라고 생각하는 거 아닐까. 열심히 하는 모습을 좋게 봐주는 것 같다.

바쁜 와중에 끊임없이 새로운 걸 한다는 게 쉽지 않다.

생각보다 긴 시간이 걸리지 않는다. 할 수 있는 것 중에서 가장 가벼운 것부터 해보면 된다. 뉴스레터도 주말에 3~40분쯤을 내서 해볼 수 있다. 무언가를 준비할 때 시간이 오래 걸리는 건 잘하려고 하기 때문이다. 그러지 말고 가장 가볍게 해볼 수 있는 게 무엇인지 찾아서 해보면 좋다. 뉴스레터 발행한다고 해서, 뉴스레터가 잘 안된다고 해서 잃을 건 없지 않나. 해보면 경험이 쌓일 뿐이지. 특별히 어렵게 생각하지 않고 약간의 부끄러움만 감수하면 된다고 생각한다.

진심으로 일하는 1분이 쌓인다면

시간을 어떻게 관리하나.

사실 따로 하지 않는다. 어떤 일에 힘을 더 주고, 덜 주는 것보다 단 1분이라도 매 순간 진심으로 일하는 게 중요하다고 생각한다. 그런 '1분'들을 계속해서 쌓아 가야 한다고 생각한다.

콘텐츠 제작이라는 일의 특성상 평소에 읽고, 보고, 듣는 것들이 일로 연결된다. 일과 삶이 분리되지 않을 것 같다.

일과 삶을 분리하지 않고, 분리할 수도 없다고 생각하며, 그래서 분리할 수 없는 일을 선택했다. 일과 삶을 구분하지 않는 삶이 더 좋은 것 같다. 내가 평소에 좋아하는 일이나 증명하고 싶은 가설이 일이 되면 일하는 모든 순간에 배울 수 있다. 그게 바라는 삶의 방향과 일치한다. 앞으로 그런 방향으로 세상이 바뀔 것 같다. 사람들이 개별적으로 하고 싶은 것을 마음껏 해볼 수 있는 세상, 굳이 조직에 들어가지 않더라도 개인이 적은 비용으로 가설을 검증하는 세상. 그런 의미에서 인디펜던트 워커라는 게 관심을 받지 않을까. 직장과 집, 일과 삶이 명확히 구분되지 않는 세상이 올 것 같다.

그럼 언제 어떻게 쉬고 에너지를 얻는가.

보통 6시에 퇴근한다. 창업하고 나서 더 철저하게 6시에 퇴근하려고 한다. 물론 일과 삶이 거의 분리가 안 돼서 퇴근 후에 하는 모든 활동이 대부분 일과 연결된다. 그렇지만 6시에 퇴근하는 건 중요하다고 생각한다. 퇴근 시간을 정해 놨기 때문에, 오전과 낮에는 최대한 몰입해서 일한다. 퇴근 후에는 책을 보거나 기사를 본다. 나에게는 콘텐츠 보는 일이 쉬는 거다. (웃음) 좋은 콘텐츠를 보면 자연스럽게 나도 좋은 콘텐츠를 만들고 싶다는 생각으로 이어진다.

<u>자신의 정체성을 한마디로 뭐라고 표현할 수 있을까.</u>

먼 훗날 "다른 그 누가 아니라, 윤성원 혹은 썸원으로 살았다. 아니, 그렇게 살려고 노력했다"고 자신 있게 말할 수 있는 사람이면 충분하다고 생각한다. 그게 나의 정체성이다.